ICONOGRAFÍA DEL MAL
TAPICES DE *LOS PECADOS CAPITALES*

Edición a cargo de
Roberto Muñoz Martín

Madrid, 2025

 PATRIMONIO NACIONAL

 Galería de las Colecciones Reales

Colabora
 Comunidad de Madrid

Entre los tejidos que han vestido la historia del arte, los tapices han sido no solo ornamento, sino testimonio de poder, devoción y relato moral. La exposición «Iconografía del mal. Tapices de *Los Pecados Capitales*», que se muestra en la Galería de las Colecciones Reales, se inscribe en una de las principales líneas de su programa de exposiciones temporales: la presentación de conjuntos destacados de las Colecciones Reales y hace también honor a esa tradición, al ofrecer una mirada a dos series excepcionales de tapices del siglo XVI, concebidas para ilustrar los siete pecados capitales.

Las series aquí reunidas, procedentes de la colección de María de Hungría y del conde de Egmont, fueron integradas en las Colecciones Reales por Felipe II y constituyen un ejemplo único de cómo la tapicería europea se convirtió en un vehículo de enseñanza moral y refinamiento estético. Diseñadas por Pieter Coecke van Aelst, estas obras conjugan la imaginación de la tradición flamenca con la influencia italiana del Renacimiento, trasladando a la seda y la lana la complejidad de los relatos que exploran la naturaleza humana.

Cada tapiz muestra no solo la representación del pecado en su manifestación más cruda, sino también su posible redención. De este modo, la Avaricia se enfrenta a la Caridad, la Lujuria, a la Castidad y, la Soberbia, a la Humildad. En este diálogo entre el vicio y la virtud, estas piezas revelan una visión del mundo que, aunque concebida en el siglo XVI, conserva una vigencia innegable. En una sociedad como la nuestra, en la que las pasiones humanas siguen determinando el curso de la historia, esta exposición nos invita a reflexionar sobre el legado de aquellas advertencias visuales.

La puesta en diálogo de ambas series permite el estudio comparado de sus diferencias estilísticas y técnicas y subraya el papel de la tapicería como un medio de representación simbólica y una parte esencial en la configuración de las Colecciones Reales españolas. Desde la corte de los Austrias hasta nuestros días, estas piezas han sido testigos de la evolución del gusto, la política y la religión en Europa. Por ello, su preservación y estudio continúan siendo un compromiso con la memoria histórica y el patrimonio cultural. Además de los tapices, la exposición reúne pinturas, libros, obra gráfica y otras manifestaciones artísticas. Las piezas proceden, salvo algún préstamo excepcional, de las Colecciones Reales, lo que una vez más pone de manifiesto la riqueza y diversidad de los bienes que custodia Patrimonio Nacional, una de las pocas instituciones culturales con la capacidad —y el deber— de hacer exposiciones de obras de primera línea con sus propios fondos.

La Galería de las Colecciones Reales, espacio concebido en origen para la conservación de tapices y carruajes, rinde así homenaje a su propia historia con esta muestra. Poco después de la exposición «En movimiento. Vehículos y carruajes de Patrimonio Nacional», que exploró la poderosa colección de medios de transporte, esta nueva exhibición reafirma el papel de Patrimonio Nacional como custodio de un extraordinario legado que pertenece a todos. Que el arte, como la propia historia, continúe siendo un espejo en el que podamos reconocernos.

ANA DE LA CUEVA FERNÁNDEZ
Presidenta del Consejo de Administración de Patrimonio Nacional

Índice

Pecado y culpa.
Los Pecados Capitales

María Leticia Sánchez Hernández

LOS CONCEPTOS DE PECADO Y DE CULPA SON DOS DE LAS GRANDES CUESTIONES que interpelan al ser humano y de las que se han ocupado a lo largo de la historia filósofos, teólogos, escritores, o psiquiatras[1]. Ambas nociones «tocan» la columna vertebral de la existencia humana, y siguen estando presentes a pesar del malestar religioso de nuestra cultura[2], o de una percepción distinta sobre el sentido del mal. Este cambio de paradigma en absoluto significa que desaparezca el yerro, sino que más bien se apunta a una transformación histórica en la apreciación del pecado y de los baremos utilizados para juzgarlo. No hay más que echar una ojeada a la metamorfosis experimentada desde los albores de la secularización ante cuestiones planteadas por la moral social y sexual. Entre los siglos XIV y XVIII la civilización occidental pasó por una profunda fase de inquietud y de angustia que afloró con la aparición de la peste negra: esta vivencia provocó en la población un enorme sentimiento de culpa y despertó un miedo terrible a la enfermedad y a la muerte. Para paliar esa situación de ansiedad extrema, la Iglesia puso en práctica la denominada «pastoral del miedo», en la que el purgatorio y el infierno eran los principales protagonistas de las predicaciones[3].

El avance de las ciencias humanas ha permitido conocer mejor los mecanismos de la libertad y las consecuencias de las acciones humanas. Las investigaciones sobre la libertad y la responsabilidad han puesto de relieve la enorme influencia del inconsciente y de las circunstancias ambientales y educacionales en las que vive el ser humano, que condicionan seriamente los actos realizados por hombres y mujeres. Actualmente se está desarrollando una sensibilidad que

---

[1]   Andrés Torres Queiruga, «Culpa, pecado y perdón», *Encrucillada*, 58 (1988), pp. 248-265 (en adelante, Torres Queiruga 1988).

[2]   Juan Martín Velasco, *El malestar religioso de nuestra cultura*, Madrid, Ediciones Paulinas, 1993 (en adelante, Martín Velasco 1993).

[3]   Jean Delimeau, *El miedo en Occidente*, Madrid, Taurus, 2012 (en adelante, Delimeau 2014).

considera a los protagonistas de una mala acción más víctimas que culpables, debido a una serie de condicionamientos que propician la evasión de la propia responsabilidad, y culpan al entorno y a la sociedad en general de los comportamientos. También es cierto que, junto al citado cambio de sensibilidad, existe una tremenda culpabilización soterrada, que identifica el fallo por simple insuficiencia psicológica con la culpa o con el pecado deliberado[4]. Existen dos personajes que encarnan nítidamente

Fig. 1. El Bosco, *El jardín de las delicias*, h. 1490-1500, grisalla y óleo sobre tabla, 185,8 x 325,5 cm. Patrimonio Nacional, inv. 10011839 (en depósito en el Museo Nacional del Prado, P002823)

---

4   Carlos Castilla del Pino, *La culpa*, Madrid, Alianza Editorial, 1973 (en adelante, Castilla del Pino 1973).

el sentimiento de culpa por el mal realizado: *lady* Macbeth y Raskólnikov de *Crimen y castigo*. El sentimiento de culpa experimentado por una de las protagonistas de Shakespeare, después de haber incitado a su marido a cometer el regicidio, desemboca en la legendaria escena en la que ella camina sonámbula repitiendo: «¡Fuera, maldita mancha!». Las célebres conversaciones entre el protagonista de Dostoievski y el juez Petróvich dan lugar a la confesión del crimen de la usurera y a la asunción de la culpa como caminos indispensables para la redención [fig. 1].

Del mismo Fiódor Dostoievski, destaco esta cita de *Los hermanos Karamazov*:

> Si has pecado y la aflicción te abruma, alégrate por otro que sea justo, alégrate de que este, al contrario que tú, haya permanecido fiel y no haya pecado. Si la maldad de los hombres te produce tanta amargura e indignación que despierta en ti un deseo de venganza, rechaza este sentimiento por encima de todo: imponte a ti mismo idéntica pena que si la falta la hubieses cometido tú. Acepta este dolor, súfrelo y tu corazón se calmará, pues comprenderás que también tú eres culpable, ya que, aunque hubieras sido el único hombre justo, habrías podido hacer entrar en razón a ese malvado con tu buen ejemplo. Si hubieses iluminado su mente, él habría visto otro camino, y el criminal acaso no habría cometido su crimen al obtener gracias a ti la clarividencia.

El pecado es una categoría religiosa que no se apoya única y exclusivamente en sí misma, sino que constituye el modo de vivir una de las experiencias más radicales de la persona: la percepción de la culpa. El gran interrogante es cómo es posible hacer el mal. A lo largo de la historia, hombres y mujeres constatan que, en lugar de hacer el bien, hacen el mal; y que, incluso obrando el bien, siempre queda la sensación de que los actos no son del todo limpios, y de que existen impulsos y motivos un tanto oscuros e inexplicables en el interior de la persona. Muchos pacientes que acuden a terapia intuyen que la causa de lo que les ocurre tiene que ver con ellos mismos; es como si se dijeran: «Siempre me sucede eso y no entiendo por qué; quisiera hacer aquello, pero hago lo contrario». Tanto Ovidio como san Pablo lo expresaron nítidamente: «Veo lo mejor y lo apruebo. Pero hago lo peor», le dice Medea a Jasón (Ovidio)[5]. «No hago el bien que quiero, sino que practico el mal que no quiero [...]. Y me encuentro con esta fatalidad: que deseando

---

[5] Ovidio, *Metamorfosis*, Madrid, Austral, 2000, Libro VII, p. 20 (en adelante, Ovidio 2000).

hacer el bien, se me pone al alcance el mal» (San Pablo a los Romanos)[6]. Es la división entre lo que nos conviene y lo que nos apetece [fig. 2]. Y tal vez sea más paradójico aún: no deseamos lo que queremos, ni queremos lo que deseamos. La vida es lo que hacemos con ella: cada una de nuestras elecciones comporta una pérdida. No es difícil querer algo, lo difícil es querer sus consecuencias, porque siempre queda algo que cojea[7].

Fig. 2. Anónimo flamenco, *La nave de la Iglesia*, 1575-1600, óleo sobre lienzo, 210 x 296 cm. Colecciones Reales. Patrimonio Nacional, inv. 00612347. Madrid, Monasterio de las Descalzas Reales

---

[6] Romanos 7, 19.

[7] Franz Kafka, *Consideraciones acerca del pecado, el dolor, la esperanza y el camino verdadero*, México, Fontmara, 2009 (en adelante, Kafka 2009).

La filosofía moderna percibe con gran intensidad la tremenda paradoja de la libertad humana. Una libertad finita que nunca es dueña de sí misma de una manera total, porque está condicionada desde dentro, y constantemente está recibiendo desde fuera su materia y sus solicitaciones. Una libertad que está siempre bajo sospecha. Kant hablaba de un mal radical: una propensión innata que desvía en la misma raíz la libertad, sin que por eso esta deje de ser responsable[8]. Heidegger dice lo mismo en su análisis de la culpa al revelar al hombre como un ser que es deudor en el fundamento de sí mismo e insistir que esta estructura es previa a lo moral, puesto que sobre ella se construye justamente toda posible moralidad[9]. Y Sartre sostuvo que el hombre está condenado a la libertad, y por eso la libertad es inherente a la condición humana: «El hombre está condenado a ser libre. Condenado, porque no se ha creado a sí mismo y, sin embargo, por otro lado, libre, porque una vez arrojado al mundo es responsable de todo lo que hace»[10].

El razonamiento expuesto es previo a cualquier planteamiento religioso o no religioso de la realidad humana en sí misma: se trata, en definitiva, de cómo afrontar el hecho dramático de la libertad finita y cómo articular las posibles respuestas. Existe una percepción bastante extendida de que la responsable del sentimiento de culpa es la religión. Muchos piensan que, si Dios no existiese, esa lacra, en tantas ocasiones insoportable, desaparecería, porque no habría mandamientos y cada uno podría obrar a su conveniencia. Sin embargo, hacer el mal y experimentar la culpa afecta al más fervoroso de los creyentes y al más convencido de los ateos. Todos tienen que luchar por igual contra los límites de su libertad, contra la fuerza de su instinto y contra la enigmática y terrible dualidad de su ser. La diferencia estriba en cómo discernir y afrontar un problema común para ambos. Los creyentes tienen que comprender que donde hay libertad finita aparece siempre la posibilidad de la culpa y la lucha ética. Los no creyentes deben admitir que el problema de la culpa no es algo inventado por la religión, ni algo que los separe del mundo religioso en este nivel.

La pregunta estriba, entonces, en vislumbrar en qué consiste el modo religioso de vivir la experiencia común de la culpa. El pecado es la culpa en cuanto vivida por el hombre religioso en la presencia de Dios[11]. Esta presencia constituye lo decisivo del pecado: le

---

8   José Gómez Caffarena, «Sobre el mal radical: ensayo de la heterodoxia kantiana», *Isegoría*, 30 (2004), pp. 41-54 (en adelante, Gómez Caffarena 2004).

9   Olga Belmonte García, «Claves para recorrer *Ser y tiempo* de Martin Heidegger», *Razón y Fe*, 265, 1363-1364 (2012), pp. 377-390 (en adelante, Belmonte García 2012).

10   Jean-Paul Sartre, *El existencialismo es un humanismo*, Madrid, Edhasa, 2004 (en adelante, Sartre 2004).

11   Julia Enxing, *Culpa y pecado de [en] la Iglesia. Una investigación en perspectiva teológica*, Salamanca, Sígueme, 2023 (en adelante, Enxing 2023).

confiere su absoluta seriedad, pero abre también una posibilidad radicalmente nueva. Si el creyente se siente ante un Dios implacable que lo condena sin contemplaciones, no hay ninguna realidad en el mundo con mayor capacidad culpabilizadora. Pero si ese mismo creyente se siente ante la mirada de un Dios amoroso que le comprende y le ayuda, no hay ninguna realidad en el mundo con mayor capacidad curativa y liberadora. Por eso la cuestión crucial consiste en descubrir el auténtico rostro de Dios y su actitud ante el pecado[12]. Ciertamente, no es una tarea fácil. El vertiginoso avance de la exégesis bíblica que aporta cada vez con mayor precisión claves de comprensión sobre el Dios del Antiguo Testamento —que es el Dios de Jesús— dibuja un proceso complejo, y no siempre nítido, en la búsqueda del rostro divino: hay muchas capas de tradición, existen contextos culturales muy distintos del nuestro, y todavía hay muchos estereotipos y prejuicios que combatir producidos sencillamente por la ignorancia. El Antiguo Testamento presenta un Dios determinado por su carácter salvador: Yahvé es un Dios que salva de toda opresión (el yugo de los egipcios sobre los hebreos, o el yugo de Babilonia); un Dios que, igual que un padre, siente cariño por sus hijos; un Dios incapaz de pensar en el castigo; un Dios que cede a la compasión (preciosa conversación entre Abraham y Yahvé a propósito del castigo a Sodoma). En el Nuevo Testamento el amor y el perdón desplegados por Jesús son de un estallido desbordante, capaces de superar las expectativas del ser humano y de traer una liberación sin precedentes: la oveja perdida, el hijo pródigo, la adúltera, la samaritana, Pedro, Tomás y tantos otros [fig. 3].

Sin embargo, a lo largo del tiempo se formó en la cultura occidental, religiosa y no religiosa, la imagen de un Dios terrible y culpabilizador. El malentendido fundamental ya ha quedado indicado: el mal y la culpa no vienen de la religión, sino del condicionamiento de la libertad finita. Cuando un creyente, haciendo uso de su libertad obra al margen de Dios, comete un pecado. Dicho de otra manera: pecar es actuar obviando que Dios es el sentido de la vida, o la columna vertebral de la existencia. Es bastante desalentador escuchar tanto de especialistas de diferentes disciplinas como de la gente de la calle que el pecado es básicamente un mal que se le hace a Dios, y por eso Dios dicta los mandamientos a su conveniencia, y la Iglesia dicta los valores morales como un derecho de Dios sobre hombres y mujeres. Santo Tomás de Aquino lo

12 Carmen Bernabé (ed.), *Los rostros de Dios. Imágenes y experiencias de lo divino en la Biblia*, Estella, Verbo Divino, 2013 (en adelante, Bernabé 2013); Juan Antonio Mayoral López, *Los rostros de Dios en la Biblia*, Madrid, Biblioteca de Autores Cristianos (BAC), 2012 (en adelante, Mayoral 2012); Ignacio Núñez de Castro, *El rostro de Dios en la era de la biología*, Maliaño, Sal Terrae, 1996 (en adelante, Núñez de Castro 1996).

Fig. 3. Francesco Bassano
y Jacopo Bassano,
La vuelta del hijo pródigo,
h. 1570, óleo sobre
lienzo, 147 x 200 cm.
Madrid, Museo Nacional
del Prado, P000039

expresó con una gran claridad: «*Dios* no es *ofendido por nosotros,* sino en cuanto [pe-cando] *obramos contra nuestro* propio *bien*»[13]. La preocupación por las víctimas del pecado es la inquietud más profunda del Dios bíblico. Padre de todos, lo es antes que nada de los pobres frente a los poderosos. Junto con esta errada visión del pecado, se encuentra la idea de que Dios es un juez que castiga las acciones humanas. Sin embargo, en este Dios solo cabe el dolor por el daño que el hombre se inflige a sí mismo. Dios es perdón y comprensión; es el hombre quien lo convierte en juez como imagen proyectada por su miedo [fig. 4].

---

[13]   Summa C. Gentes III, 122.

Desde el siglo VI, existe en la tradición de la Iglesia una lista conocida como los pecados capitales, que son, en definitiva, una especificación de ese actuar al margen de Dios. Son actitudes y acciones elegidas libremente, que hacen que la vida propia y ajena sea menos plena. Son las conductas que atañen de raíz a la condición humana, aparentemente satisfactorias, pero impregnadas de vaciedad y dolor. La consecuencia es que fracturan las vidas y provocan un alejamiento de Dios y de los otros[14].

---

[14]   José María Rodríguez Olaizola, «Los 7 pecados capitales», *Pastoralsj*, disponible en https://pastoralsj. org/etiqueta/serie-7-pecados-capitales/ [consulta: 18 de noviembre de 2024 (en adelante, Rodríguez Olaizola).

Fig. 5. Pedro de Camprobín, *Santo Tomás de Aquino en su estudio*, 1657, óleo sobre lienzo, 107,50 x 175 cm. Colecciones Reales. Patrimonio Nacional, inv. 00710213. Madrid, Real Monasterio de Santa Isabel

Por lo tanto, los pecados capitales son aquellas acciones (malas) consideradas como principio y fuerza directiva de otras (de ahí su nombre de capital, como referencia a la cabeza, especialmente por razón de la causalidad final), mediante las que se busca un fin específico capaz de atraer la voluntad e impulsarla hacia otros pecados relacionados con ese mismo fin. Los pecados capitales representan las principales direcciones por las que se suele desbocar el deseo de placer y la inclinación al mal, fruto del alejamiento de Dios, y de la consecuente herida o muerte para el ser humano. Para que pueda hablarse propiamente de pecado capital, ha de existir una conexión específica entre los pecados llamados miembros y el pecado o los pecados que son su cabeza. Esa capitalidad de determinados pecados puede revestir diversas modalidades, aunque conserve siempre su característica común. La capitalidad de la soberbia está en el orden de la intención, y en ese orden predomina el fin que se trata de lograr[15]. «En todos los bienes temporales,

---

[15]   Manuel Villegas, *Psicología de los siete pecados capitales*, Barcelona, Herder, 2018 (en adelante, Villegas 2018).

el fin que el hombre busca es poseer cierta perfección o gloria. Por esta vía descubrimos que la soberbia, apetito de la propia excelencia, se pone como principio de todo pecado», dice Tomás de Aquino[16] [fig. 5].

En algunas ocasiones el pecado es capital, porque sirve de sostén a otras acciones ilícitas, al ofrecer una amplia variedad de medios para llevarlas a cabo, como es el caso de la avaricia, que es «raíz de todos los males», según se afirma en la primera carta a Timoteo, no porque se busquen las riquezas como último fin, sino «porque con las riquezas el hombre adquiere la facultad de cometer cualquier pecado y de satisfacer cualquier deseo de pecado»[17]. Otras veces, la capitalidad de los pecados queda afectada y modificada por las motivaciones particulares de cada persona, que llega a tener sus propios pecados capitales, según el modo de vida que lleve, las costumbres que tenga, la formación y las tendencias temperamentales, etc. La razón de ser de los pecados capitales está caracterizada «según lo que sucede como regla general, no según lo que sucede siempre y en todos los casos, porque la voluntad no obra necesariamente»[18] [fig. 6].

La razón de ser de los pecados capitales se comprende también con la ayuda del contraste ofrecido por otros pecados no considerados capitales, como la mentira. Por lo general, la mentira es un pecado que no agota el fin de la acción en sí misma, sino que se ordena a otros objetivos más o menos conscientes en los que actúa como medio e instrumento. La mentira es en todos los casos —evitarse una reprimenda, eludir una situación desagradable, soslayar un desliz— una mala acción subordinada de otra, que resulta de la vanagloria, la ira, la lujuria y la avaricia.

La clasificación de los pecados capitales es muy variada. Son clásicos los textos de la ya citada carta a Timoteo sobre la avaricia: «porque raíz de todos los males es el amor al dinero, el cual codiciando algunos, se extraviaron de la fe, y fueron traspasados de muchos dolores»[19]; el de Eclesiastés sobre el orgullo: «El trabajo del necio lo cansa tanto que no sabe ir a la ciudad»[20]; y la primera carta de Juan sobre

---

[16] Santo Tomás de Aquino, *Suma Teológica*, Salamanca, Herederos de Matías Gast, t. . II, parte I-II, cuestión 84:4 (en adelante, Santo Tomás de Aquino).

[17] Santo Tomás de Aquino.

[18] Santo Tomás de Aquino.

[19] 1 Tim 6, 10.

[20]   Ecl 10, 15.

la soberbia: «Porque todo lo que hay en el mundo, los deseos de la carne, los deseos de los ojos y la vanagloria de la vida, no proviene del Padre, sino del mundo»[21].

Partiendo de los citados textos, los Padres de la Iglesia de los seis primeros siglos reflexionaron sobre pecados capitales y ofrecieron diversas clasificaciones[22]. Destacan tres listas principales: la de Juan Casiano, la de san Juan Clímaco, y la de san Gregorio Magno. Casiano enumera en las *Colaciones* ocho vicios principales en este orden: gula, concupiscencia, fornicación, avaricia, ira, tristeza, acedia o tedio del corazón, vanagloria y soberbia. Esta enumeración tiene tres características: el desdoblamiento de la vanagloria y del orgullo, el distinguir entre la tristeza y la acedia y, finalmente, omite la envidia como vicio capital[23]. San Juan Clímaco, en *La escalera del divino ascenso*, se apoya en Gregorio Nacianceno y otros que no nombra, y da cuenta de siete vicios principales identificando la vanagloria y el orgullo; el resto son los mismos de Casiano, omitiendo también la envidia: gula y ebriedad, avaricia, lujuria, vanagloria y orgullo, ira, tristeza y pereza[24].

Gregorio Magno en los Morales confecciona una lista de siete pecados, considerando que la

Fig. 7. Pellegrino Tibaldi, *El Juicio Final*, 1586-1590, pintura mural, 426 x 282 cm. Colecciones Reales. Patrimonio Nacional, inv. 10014903. Real Monasterio de San Lorenzo de El Escorial

[21]   1 Jn 2, 16.

[22]   Jesús Álvarez Gómez, *Historia de la Iglesia. I: Edad Antigua*, Madrid, Biblioteca de Autores Cristianos (BAC), 2001 (en adelante, Álvarez Gómez 2001).

[23]   *Collationes*, V, X: PL 49,621 ss.

[24]   *Scala paradisi*, 30: PG 88,948 ss.

soberbia es la reina de todos los vicios, y por tanto el pecado capital por excelencia; luego siguen los vicios capitales engendrados por la soberbia, que son siete: vanagloria, envidia, ira, tristeza, avaricia, gula y lujuria; finalmente, aquellos pecados que san Gregorio denomina hijos de los vicios capitales, que son los pecados que cada uno de estos engendra de modo especial[25]. Desde el siglo VIII hasta la época de santo Tomás de Aquino, la tradición teológica reproduce sucesivamente las enumeraciones expuestas. Destacan las listas de san Isidoro de Sevilla, de Alcuino de York y de Pedro Lombardo.

Santo Tomás de Aquino, en la *Suma Teológica,* parte del esquema de Gregorio Magno afirmando que todo vicio nace de la relación desordenada del apetito respecto del bien; y que de ahí salen los dos modos desordenados que tiene el apetito para dirigirse al bien: buscándolo desordenadamente o huyendo desordenadamente de él. Cuando hay una inclinación desordenada al bien, se desemboca en la vanagloria, la gula, la lujuria y la avaricia. Cuando se produce una huida del bien, se cae en la acidia o pereza, la envidia y la ira. La diferencia entre las listas de pensadores orientales y occidentales reviste poca importancia. De hecho, la envidia es una forma de tristeza a causa de los bienes ajenos. La acedia queda integrada en la tristeza y se subraya la dimensión de la pereza u ocio malsano. En líneas generales, el punto de vista de los autores latinos es más bien dogmático y moral, mientras que el de los autores orientales es principalmente práctico y del orden de la vida espiritual. Esta clasificación es la que pasará a los catecismos de los padres Astete y Ripalda, y al catecismo de san Pío X[26] [fig. 7].

El tema de los pecados capitales ha tenido, y sigue teniendo, una amplia repercusión no solo para la teología, sino también para la espiritualidad. Los grandes maestros espirituales han meditado sobre las acciones del ser humano y sus consecuencias. Los pecados capitales señalan las tendencias generales de nuestra naturaleza desordenada provocada por el uso de la libertad al margen de Dios. La lucha espiritual se vertebra a partir de la identificación de la tendencia o tendencias que prevalecen en cada individuo debidas a su temperamento o provocadas por los hábitos aprendidos en el ambiente familiar y cultural en los que se ha movido. El trabajo espiritual consiste, precisamente, en identificar las tendencias predominantes en cada individuo, y será más o menos arduo, según los obstáculos encontrados en el

---

[25]   Moraba, XXXI, 45: PL 76, 620 ss.

[26]   Jesús Sánchez Herrero, *Historia de la Iglesia. II: Edad Media,* Madrid, Biblioteca de Autores Cristianos (BAC), 2023 (en adelante, Sánchez Herrero 2023).

camino. Los monjes del desierto de Egipto explicaron en sus Apotegmas que hay tendencias desordenadas de las que emanan otras como de una fuente. Evagrio Póntico fue el primero en sistematizar esta doctrina, al hablar de ocho pensamientos o tendencias viciosas, que el ermitaño tendrá que confrontar y vencer. San Juan de la Cruz describe en *La Noche Oscura* cómo se manifiestan estos vicios-pecados en aquellos que ya han avanzado en la vida espiritual y comienzan a padecer la «noche pasiva de los sentidos». San Ignacio de Loyola, en sus *Ejercicios espirituales*, recomienda presentar los pecados capitales al ejercitante para que medite sobre ellos. Y san Francisco de Sales, en su *Introducción a la vida devota*, abunda también en esta dirección.

Como colofón a la reflexión ofrecida en estas líneas, remito a las palabras de san Pablo en la segunda carta a Timoteo, antes de ser deportado a Roma, en las que resume lo que ha sido su vida. Son palabras extensibles a la vivencia de cualquier creyente en el uso de su libertad: «He librado el gran combate, he terminado la carrera, he mantenido la fe»[27] [fig. 8].

---

[27] 2 Tim 4, 7-8.

Hilando *Los Pecados Capitales*:
concepción, orígenes y devenir histórico

ROBERTO MUÑOZ MARTÍN

LA SERIE DE TAPICERÍA DE *LOS PECADOS CAPITALES* FUE DISEÑADA POR Pieter Coecke van Aelst (1502-1550) [fig. 9], destacado artista flamenco, a principios de la década de 1530[1]. El diseño gozó de gran éxito entre importantes monarcas y cortes europeas y, según se sabe, fue transformado en tapiz al menos en cinco ocasiones[2]. La autoría de los cartones de Coecke está confirmada, no solo por las características estilísticas propias del pintor flamenco, sino también por la existencia de dibujos que se conservan de algunos de estos *Pecados*[3]. A estos documentos gráficos se añade una fuente excepcional: un manuscrito fechado entre 1546 y 1553, en el que se dice al tapicero Willem de

---

[1]   Sobre la vida y obra de este artista flamenco, Karel van Mander, *Het Schilder-Boeck,* Haarlem, Paschier van Wesbusch, 1604, fol. 218 (en adelante, Mander 1604) y Max Friedländer, «Pieter Coecke van Alost», *Jahrbuch der Königlich Preussischen Kunst-sammlungen,* 38 (1917), pp. 88-91 (en adelante, Friedländer 1917); Georges Marlier, *La Renaissance flamande: Pierre Coeck d'Alost,* Bruselas, Robert Finck, 1966 (en adelante, Marlier 1966); y Elizabeth Cleland (ed.), *Grand Design Pieter Coecke van Aelst and Renaissance Tapestry,* Nueva York, The Metropolitan Museum of Art, 2014 (en adelante, Cleland [ed.] 2014).

[2]   Cleland (ed.) 2014, p. 187.

[3]   Sobre los dibujos de Coecke, Kurt Steinbart, «Pieter Coecke's Designs for Tapestries», *Old Master Drawings,* 8, 31 (1933) (en adelante, Steinbart 1933); Egbert Haverkamp-Begemann y Anne-Marie S. Logan, *European Drawings and Watercolors in the Yale University Art Gallery, 1500-1900,* New Haven, publicado por Yale University Art Gallery de Yale University Press, 1970, vol. I, p. 261 (en adelante, Haverkamp-Begemann y Logan 1970); Rotraud Bauer, *Tapisserien der Renaissance nach Entwürfen von Pieter Coecke van Aelst. Ausstellung im Schloss Halbturn* [cat. exp. Halbturn, Castillo de Halbturn, del 15 de mayo al 26 de octubre de 1981], Halbturn, Amt der Burgenländischen Landesregierung, 1981, p. 61 (en adelante, Bauer 1981), David P. Becker (dir.), *Old Master Drawings at Bowdoin College* [cat. exp, Brunswick, Bowdoin College Museum of Art, 1985-1986], Brunswick, Bowdoin College, 1985, p. 7 (en adelante, Becker 1985).

Pannemaker (1510-1581) que «hizo los patrones y ordenanzas Maestre Pierre van Aelst pintor de Anuers (Amberes)»[4]. Esto confirma no solo la autoría de los cartones, sino además el taller donde se produjeron las primeras versiones de los tapices, algo que ratifican también los monogramas de taller[5]. Estuvo tan orgulloso de su creación que debió autorretratarse en el tapiz de *Gula*, mirando fijamente al espectador[6] [fig. 10].

Aunque no se sabe con certeza quién fue el promotor de la serie *prínceps* o primera, estudios recientes consideran que esta fue encargada por el rey Enrique VIII de Inglaterra (1491-1547)[7]. Esta hipótesis se apoya en la existencia de un tapiz que actualmente se halla en la Morgan Library de Nueva York, aunque en muy mal estado y desvaído en cuanto al color[8]. Tras esta versión inicial, se cree que los siguientes modelos corresponden a dos juegos que se conservan en Patrimonio Nacional, las denominadas series 21 y 22, que ingresaron en la colección real en tiempos de Felipe II (1527-1598)[9]. Ambos conjuntos llegaron comple-

PETRO COECKE ALOSTANO, PICTORI.

Pictor eras · nec eras tantùm, Petre, pictor · Alostum
Qui facis hac Orbi notius arte tuum:
Multa sed accessit multo ars tibi parta labore,
Cuius opus pulchras ædificare domos.
Serlius hanc Italos · tu, Serli deinde bilinguis
Interpres, Belgas, Francigenasque doces.

4   Biblioteca Nacional de España [en adelante BNE], MSS/6015, *Miscelánea 1545-1533. Tesoros de los palacios reales de España* [cat. exp. Ciudad de México, Galería del Palacio Nacional de México, de 16 de diciembre de 2011 al 31 de mayo de 2012], Madrid, Patrimonio Nacional, 2011, p. 269 (en adelante, *Tesoros* 2011).

5   BNE, MSS/6015, *Miscelánea 1545-1553*, p. 12; Bauer 1981, pp. 91-99.

6   Elizabeth Cleland, «Rogier van der Weyden and other red herrings: the quest for designers' self-portraits in renaissance tapestries», en Philippe Bordes y Pascal-François Bertrand (eds.), *Portrait and Tapestry*, Leuven, Brepols, 2015, p. 20 (en adelante, Cleland 2015).

7   Thomas P. Campbell (dir.), *Tapestry in the Renaissance: Art and Magnificence* [cat. exp. Nueva York, The Metropolitan Museum of Art, 2002], Nueva York, The Metropolitan Museum of Art, 2002, p. 381 (en adelante, Campbell 2002).

8   *Avaricia*. Diseño de Pieter Coecke bajo la dirección de Paulus van Oppenem. The Morgan Library and Museum, Nueva York. Inv. AZ130; Edith Appleton Standen, *European Post-Medieval Tapestries and Related Hangings in the Metropolitan Museum of Art*, Nueva York, The Metropolitan Museum of Art, 1985, vol. 1, p. 113 (en adelante, Standen 1985).

9   Que el manuscrito se conserve en Madrid incita a pensar que este libro llegó a España a través de la biblioteca de María de Hungría y que la primera serie de tapices fue comisionada por ella. Jan Veenstra, *Magic and Divination at the Courts of Burgundy and France: Text and Context of Laurens Pignon's «Contre Les Devineurs» (1411)*, Leiden y Nueva York, Brill's Studies in Intellectual History, 1998, vol. 83, p. 363 (en adelante, Veenstra 1998). Sin embargo, Campbell comenta que en relación con un dibujo firmado por Coecke en 1537 y las noticias sobre el conjunto de Enrique VIII debe ser el neoyorquino. Sin embargo, el paño americano no se realiza

Fig. 9. Johan Wierix, *Retrato Pieter Coecke*, en Dominicus Lampsonius, *Pictorum aliquot celebrium Germaniae Inferioris efigies*, Amberes, Apud Viduam Hieronymi Cock. Patrimonio Nacional. Madrid, Real Biblioteca del Monasterio de El Escorial, 28-III-9BIS, N.º 16

Fig. 10. Willem de Pannemaker (tejedor) según diseño de Pieter Coecke van Aelst, *La Gula – Pecados Capitales* (detalle), h. 1544, tapiz de seda, lana, oro y plata, 460 × 826 cm. Colecciones Reales. Patrimonio Nacional, inv. 10004090. Galería de las Colecciones Reales

tos a España, con siete paños cada uno, pero en el siglo XIX se perdieron algunos, por lo que, hoy, una cuenta con seis tapices y la otra con cuatro¹⁰. El notable éxito de su diseño propició la creación de varias versiones posteriores, y su producción se extendió hasta bien entrada la segunda mitad del siglo XVI destacando, por conservarse completa, la serie del Kunsthistoriches de Viena, de procedencia desconocida¹¹.

La serie no solo pretende representar artísticamente las pasiones del alma cristiana, definidas por san Gregorio Magno (h. 540-604) en *Moralia in Job*, sino que también busca transmitir mensajes moralizantes sobre la necesidad de evitarlos¹². El catolicismo, a través de la escolástica, analizó y ejemplificó los pensamientos más oscuros y bajos del ser humano. Al incorporar estos pecados en un tapiz, exaltados por elementos de gloria y victoria, se crea un espacio de reflexión, en el que el espectador debe cuestionarse si lo que observa es positivo o negativo [fig. 11]. El artista crea una dicotomía entre el bien y el mal, invitando a la reflexión sobre si este último, aunque tentador y aparentemente triunfante, debe ser evitado. Para lograrlo, se hace evidente que la mera observación no es suficiente: lo importante es invisible a los ojos y solo se revela a través de la inteligencia.

En este contexto, se comprende mejor la inspiración de Coecke en una noción fundamental de la antigüedad: la lucha eterna entre el bien y el mal, o las virtudes y los vicios. El artista se basa en ejemplos mitológicos de batallas antagónicas, como la

---

en el taller de Pannemaker, que, según el manuscrito, era quien recibió los patrones de Coecke. Thomas P. Campbell, *Henry VIII and the Art of Majesty: Tapestries at the Tudor Court*, New Haven, Paul Mellon Centre for Studies in British Art de Yale University Press, 2007, p. 223 (en adelante, Campbell 2007).

¹⁰ Paulina Junquera de Vega y Concha Herrero Carretero, *Catálogo de tapices del Patrimonio Nacional, siglo XVI*, Madrid, Patrimonio Nacional, 1986, vol. I, pp. 150-154 (en adelante, Junquera y Herrero 1986).

¹¹ Su primer poseedor conocido es Carlos III, duque de Lorena (1543-1608), quien lo tuvo a partir de fines del s. XVI. Cleland 2014, p. 194. Kurt Smolak, «Philologisches zum Tapisserienzyklus "Die sieben Todsünden" im Wiener Kunsthistorischen Museum», *Aachner Kunstblatter*, 60 (1994), p. 377 (en adelante, Smolak 1994).

¹² San Gregorio Magno, *Moralia in Job*, Sevilla, Jacobo Cromberger, 1527, Libro XXXI.

Teogonía de Hesíodo (776-700 a. C.) o la *Psychomachia* de Prudencio (348-410 d. C.). Estas luchas entre fuerzas opuestas tienen a su vez sus paralelismos en el arte, como en las batallas de los lapitas contra los centauros o en la guerra de Troya. A medida que el arte se adaptaba al mundo cristiano tardomedieval, teólogos como san Buenaventura (1217/8-1274), en su capítulo IX de *Breviloquium* titulado «De la corrupción y el pecado», el ya mencionado san Gregorio Magno o santo Tomás de Aquino (1224/5-1274) en su tomo segundo de *Suma Teológica* abordaron estas luchas de vicios y virtudes[13].

Estas enseñanzas «honorables» eran muy visibles en el Flandes de finales del siglo XV y principios del XVI, tanto a través de los textos mencionados como de otros tratados, como *Buch von die sieben Todsünden und den sieben Tugenden* (1480-1490), el *Moralité*

Fig. 11. Isidro de Burgos, *Alegoría del árbol de la vida y el juicio final,* 1660-1700, óleo sobre lienzo, 139 x 221 cm. Colecciones Reales. Patrimonio Nacional, inv. 00683621. Toledo, Real Colegio de Doncellas Nobles

---

[13] Santo Tomás de Aquino, *Cuestión 84:4*, y Louis Reau, *Iconografía del arte cristiano. Vol. 1: Introducción general*, Barcelona, Ediciones del Serbal, 1955-1959 (en adelante, Reau 1955-1959).

Fig. 12. Giovanni Cavino, *Medallón con la efigie de Marco Aurelio Antonino, conocido como Caracalla* (detalle del reverso), mediados del siglo XVI, bronce, 37,8 mm, 41,35 g (diámetro, peso). Colecciones Reales. Patrimonio Nacional, inv. 10130628. Palacio Real de Madrid

de l'homme pécheur (1481) o *Elckerlijk* (1495, reimpreso en 1520). En estos textos se encuentran paralelismos iconográficos y simbólicos con los diseños de Coecke, especialmente en elementos anecdóticos como los estandartes[14]. Estos motivos alegóricos estaban presentes en todo tipo de obras artísticas, como las series de tapices de las *Moralidades* o los *Honores*, creadas unos años antes y con un claro enfoque moral[15].

En este contexto pedagógico y decente, se destaca el concepto de «espejo de príncipes», que servía de modelo a los jóvenes monarcas europeos, instándolos a seguir un camino recto y decoroso para evitar la desgracia en su reinado y la vida de sus súbditos. Este principio se reflejaba en obras literarias que guiaban a los monarcas en sus responsabilidades, tales como los *Castigos de Sancho IV* (1292-1293), el *Regimiento de príncipes* de Egidio Romano (1374), el *Vergel de príncipes* (1456), o los más tardíos y conocidos *El cortesano* de Baltasar de Castiglione (1528) y *El espejo del príncipe cristiano* de Francisco de Monzón (1571)[16].

El lenguaje complejo, tanto literario como plástico de Coecke, dejó una huella profunda, inspirando a artistas posteriores. No solo se pueden rastrear préstamos de gestos y posturas, como el que realiza Tiziano Vecellio di Gregorio (1488/90-1576) en su retrato de Jacopo Strada (1567), que remite al personaje de la *Avaricia* en el tapiz de Coecke, sino también la utilización de elementos tradicionales, como los carros triunfales [fig. 12] y sus cortes. Estos fueron reinterpretados en obras como *El triunfo de la Eucaristía* de Rubens, realizado para el monasterio de las Descalzas Reales de Madrid, por encargo de Isabel Clara Eugenia de Austria (1566-1633)[17] [fig. 13].

14   Cleland 2014, p. 187.

15   En Patrimonio Nacional se encuentran estos tapices recogidos en las series 5 (números de inventario 10005725, 10004074 y 10004093) y 8 (invs. 10026284, 10026277, 100026280, 100026278, 100026276, 10026279, 10026281, 10026283 y 10026282).

16   David Nogales Rincón, «Los espejos de príncipes en Castilla (siglos XIII-XV): un modelo literario de la realeza bajomedieval», *Medievalismo*, 16 (2006), pp. 9-39 (en adelante, Nogales 2006).

17   Alejandro Vergara y Anne T. Woollett (eds.), *Rubens. El triunfo de la Eucaristía*, Madrid, Museo Nacional del Prado, 2014, pp. 29-47 (en adelante, Vergara y Woollett 2014).

Fig. 13. Jan Raes
(tapicero) según diseño
de Pedro Pablo Rubens,
*Triunfo de la Eucaristía
sobre la ignorancia y
la ceguera*, 1620-1632,
tapiz de lana y seda,
489 × 746 cm.
Colecciones Reales.
Patrimonio Nacional,
inv. 00610325. Madrid,
Monasterio de las
Descalzas Reales

En conclusión, la serie de tapices de *Los Pecados Capitales* es una obra de arte compleja e innovadora, que marcó un modelo moral que perduró durante el siglo XVI, pero que también influyó en la tradición artística de los siglos posteriores. Su amplia reproducción y la historia material de algunas de sus versiones, como las dos custodiadas en Patrimonio Nacional, atestiguan su relevancia tanto para la historia del arte europeo como para la doctrina moral de la monarquía hispánica.

El artífice: Pieter Coecke van Aelst

Pieter Coecke van Aelst fue un destacado artista flamenco, arquitecto, pintor, grabador, editor, traductor y diseñador de tapicerías, entre otras disciplinas. Su formación artística se desarrolló en el entorno de grandes referentes de la tapicería flamenca. Aunque su padre no estuvo directamente relacionado con el arte, pues ocupaba el cargo de teniente de alcalde en la ciudad de Aalst, la conexión de Coecke con esta localidad flamenca a orillas del río Dender lo vinculó con una importante saga de tapiceros. Entre ellos destacan Pieter van Aelst o Enghien (abuelo, h. 1450-1533), Pieter van Aelst II (padre, act. 1509-1555) y Pieter van Aelst III (hijo, h. 1495-1560), quienes participaron en algunos de los proyectos de tapicería más significativos de la época. Entre las obras más relevantes que salieron de sus telares se incluyen *El triunfo de la Madre de Dios*, o *Paños de oro*, los ya mencionados *Honores* y los *Hechos de los Apóstoles* sobre cartones de Rafael Sanzio (1483-1520). En 1560, Pieter van Aelst III vendió su próspero taller a Willem de Pannemaker, primer tejedor de *Los Pecados*, con lo que se cerró una saga familiar que había perdurado varias generaciones[18].

La relación geográfica de Coecke con Aalst adquiere mayor relevancia si consideramos que para los diseños de los tapices de los *Honores*, una serie importante realizada para el emperador Carlos V (1500-1558), se cree que trabajó Bernard van Orley (1487-1541), a quien Karel van Mander (1548-1606) mencionó como su maestro[19]. Además, los vínculos de Coecke con el mundo de la tapicería no terminaron aquí. En su taller, tuvo como discípulo a Pieter Brueghel el Viejo (1525/30-1569), pintor y también diseñador de tapices, quien luego se convirtió en su yerno

---

[18] Paul F. State, *Historical Dictionary of Brussels*, Oxford, Scarecrow Press, 2004, p. 4 (en adelante, State 2004).

[19] Mander, 1604, fol. 218r.

al casarse con su hija Mayken Coecke (1545-1578), un aspecto que fue objeto de debate durante mucho tiempo[20].

Más allá de su extensa red de contactos, Coecke desempeñó importantes cargos y participó en destacados proyectos artísticos. Ingresó en la Guilda de San Lucas, el gremio de pintores de Amberes, alrededor de 1527, y al final de su vida fue nombrado pintor de la corte de Carlos V. Uno de los aspectos más interesantes de su carrera fueron sus viajes fuera de los Países Bajos, fundamentales tanto para su formación artística como para su actividad diplomática. En 1525 viajó a Italia, y entre 1533 y 1534 residió en Estambul, realizando también una nueva visita a Italia en su regreso. Aunque no se sabe con certeza el motivo de su estancia en Turquía, se ha especulado que estuvo vinculado a proyectos para el emperador Carlos V y su hermana María de Hungría (1505-1558), relacionados con una de las grandes series de tapicería encargadas por los Habsburgo: *La Batalla de Túnez*[21]. Coecke participó, igualmente, en encargos para la Casa de Austria, incluida la realización de decoraciones efímeras para celebraciones de la entrada de miembros de la familia en diversas ciudades flamencas, como la que se hizo en Amberes en 1549 para el príncipe Felipe con ocasión de su *Felicísimo viaje*[22].

El vasto bagaje cultural y artístico de Coecke dio lugar a un estilo que oscilaba entre el respeto por la tradición flamenca y la asimilación de las innovaciones italianas. En sus primeros años, estuvo profundamente influido por su suegro, Jan van Dornicke (1470-1527), y otros artistas como Jan Gossaert, *Mabuse* (h. 1478-1532) y el mencionado Van Orley[23]. Estos artistas, pertenecientes a una generación anterior, se movían entre la tradición flamenca y las novedades romanistas, es decir, aquellas surgidas en Roma. Mabuse, por ejemplo, fue el primero en viajar a Italia en 1508 y, tras su regreso, desarrolló un estilo profundamente influido por la escultura clásica y la arquitectura

---

[20]   Thomas Kren y Scot McKendrick (ed.), *The renaissance. The triumph of Flemish manuscript painting in Europe*, Los Ángeles, J. Paul Getty Trust, 2003, p. 513 (en adelante, Kren y McKendrick [ed.] 2003).

[21]   En Patrimonio Nacional se encuentra la serie *prínceps*, que la componen los tapices con números de inventario 10005895, 10005908, 10005918, 10005915, 10005919, 10005907, 10005914, 10005917, 10005906 y 10005932.

[22]   Carlos Gómez-Centurión Jiménez, «El felicísimo viaje del príncipe don Felipe, 1548-1555», en *Felipe II. Un monarca y su época. La monarquía hispánica*, Madrid, Sociedad Estatal para la Conmemoración de los Centenarios de Felipe II y Carlos V, 1998, pp. 81-95 (en adelante, Gómez-Centurión 1998).

[23]   Durante un tiempo los diseños se atribuían a su mano. Albert F. Calvert, *The Spanish Royal Tapestries*, Londres, John Lane, 1921, p. 53 (en adelante, Calvert 1921).

renacentista. Mientras tanto, en Bruselas, Bernard van Orley tuvo contacto con el arte de Rafael, particularmente a través de su trabajo sobre los ya comentados cartones de los *Hechos de los Apóstoles*, diseñados para el papa León X (1475-1521). La llegada a Flandes de estos diez cartones de tapices, entre 1514 y 1516, marcó un importante punto de contacto con la monumentalidad y espacialidad italianas, lo que influyó considerablemente en la producción artística de la región[24].

Recursos artísticos e influencia clásica

La obra de *Los Pecados Capitales* de Coecke refleja de manera evidente la influencia del lenguaje clásico heredado de sus maestros y enriquecido por sus viajes a Italia, particularmente a Mantua, donde visitó el Palazzo Te y los frescos de Giulio Romano (1499-1546)[25]. Aunque la iconografía y la estructura de la serie de tapices están bien definidas por el comitente —como lo confirma el manuscrito conservado en la Biblioteca Nacional de España (BNE)[26]—, Coecke introduce una serie de innovaciones que reflejan su formación humanista y su visión personal del tema [fig. 14].

Uno de los elementos distintivos en los tapices es el tratamiento del espacio. Todas las escenas se desarrollan dentro de un paisaje bucólico y pastoril, situado a las afueras de una ciudad, desde un punto de vista elevado, una perspectiva típica del arte flamenco. En el lado izquierdo de cada escena, la tierra se abre y de ella emergen vapores infernales y sulfúricos. Un carro triunfal, tirado por un animal fantástico (proveniente de bestiarios o repertorios mitológicos), es el vehículo que transporta la personificación de uno de los siete pecados capitales: soberbia, avaricia, lujuria, ira, gula, envidia y pereza. A su alrededor, una corte de personajes mitológicos, históricos y bíblicos acompaña al pecado, mientras que un personaje a caballo, portador de un estandarte con el símbolo correspondiente, lidera la comitiva. El carro triunfal avanza sobre los cuerpos de aquellos que se oponen o han sucumbido a este y se aproxima a una ciudad que, simbolizando el pecado en cuestión, se convierte en el epicentro del relato moral.

Al observar detenidamente los tapices, se aprecian las diversas influencias que Coecke asimiló a lo largo de su carrera. En primer lugar, destaca la herencia de la tradición

---

[24] Heinrich Göbel, *Wandteppiche. Pt. 1, Die Niederlande*, Leipzig, Klinkhardt & Biermann, 1923, vol. 1, pp. 108 y 313 (en adelante, Göbel 1923).

[25] Eugène Müntz, «Tapisseries allégoriques inédites ou peu connues», *Monuments et Memoires de la Fondation Eugene Piot*, 9, 1 (1902), p. 104 (en adelante, Müntz 1902).

[26] Marlier 1966, p. 331.

artística de los Países Bajos. La huella de los grandes maestros anteriores a él es clara, especialmente en la representación del paisaje, que recuerda a los trabajos de Mabuse y Joachim Patinir (1483-1524). La atmósfera cromática, sobre todo la gradación de color, evoca a estos pintores flamencos. Asimismo, el uso de figuras grotescas y demoníacas presente en la obra de Mabuse conecta con la tradición del norte de Europa y con la figura de El Bosco (h. 1450-1516). Los vapores infernales y los pequeños demonios que surgen de ellos son un recurso visual que Coecke emplea de forma similar a sus predecesores.

Otra de las influencias notables proviene del arte alemán, particularmente de Alberto Durero (1471-1528). Coecke se inspira en la serie de xilografías *Apocalipsis*

cum figuris (1498) de Durero [figs. 15 y 16], en la que se aborda el Libro del Apocalipsis. El repertorio de figuras fantásticas, característico de los bestiarios medievales, se actualiza en Coecke con una visión humanista. Esta síntesis de lo medieval y lo renacentista resultaba ideal para los tapices de *Los Pecados Capitales*, ya que permitía reforzar la carga moralizante de la obra al mismo tiempo que conectaba dos visiones artísticas del momento.

No obstante, las influencias italianas también son muy evidentes en el trabajo de Coecke, particularmente en la concepción misma de los tapices. Al compararlos con otros repertorios de temática moralizante, como *Exhortación a las virtudes* de la serie *Moralidades*,

Fig. 16. La Quimera
arrastrando el carro
de *La Avaricia*
(detalle de fig. 37)

se observa una clara evolución en el tratamiento compositivo[27]. En *Los Pecados Capitales*,
Coecke reduce el número de figuras, con lo que crea composiciones más equilibradas
y armoniosas. Este cambio marca una disonancia con la tradición anterior, donde las

---

[27]   Esta concepción no es únicamente plástica o moral, sino que también se manifiesta en el uso de
      fuentes concretas para la construcción de personajes, que van desde textos de la historiografía
      clásica grecorromana —como el *Ab urbe condita* de Tito Livio (h. 59 a. C.–h. 17 d. C.)— hasta
      el *De casibus virorum illustrium* del célebre Giovanni Boccaccio (1313–1375), pasando por las
      Metamorfosis de Ovidio. Katja Schmitz-von Ledebur, *Raphael. Revolution in Tapestry Design*,
      Viena, Hannibal, 2023, pp. 145-146 (en adelante, Schmitz-von Ledebur 2023).

Fig. 17. Pieter van Aelst (tejedor),
*Exhortación a las virtudes –
Moralidades*, h. 1515, tapiz
de seda, lana, oro y plata,
419 x 560 cm. Colecciones Reales.
Patrimonio Nacional, inv. 10005725.
Galería de las Colecciones Reales

Fig. 18. Jan van Tieghem y Frans Gheteels (tapiceros) según diseño de Rafael Sanzio, *La pesca milagrosa*, h. 1560, tapiz de lana y seda, 487 x 592 cm. Colecciones Reales. Patrimonio Nacional, inv. 10004080. Galería de las Colecciones Reales

escenas estaban más cargadas de personajes. Al reducir el número de figuras, Coecke permite que el paisaje se convierta en un componente visual más destacado, lo que otorga mayor espacialidad y profundidad a las escenas[28] [fig. 17].

En cuanto al empleo del color, también se percibe una transformación. En *Los Pecados Capitales* se abandona el uso excesivo del rojo y el contraste con el azul, como ocurría en las *Moralidades*. En su lugar, Coecke emplea una gama cromática más suave y armónica, dominada por tonos amarillos, verdes claros, blancos y matices de azul pastel y rosa[29]. Esta paleta, más luminosa y etérea, otorga a las figuras un carácter irreal y un brillo propio que refuerza el tono moralizante y alegórico de la obra, vinculado con el surgimiento del manierismo en los Países Bajos[30].

Otro cambio importante es la concepción de los personajes. Coecke emplea figuras de mayor escala y anatomías más definidas, utilizando recursos compositivos complejos como los escorzos y figuras vistas de espaldas. Esta renovación en la representación de las figuras no solo refleja las influencias de los tapices vaticanos, sino también los modelos renacentistas desarrollados en Florencia y Roma desde el siglo XV[31]. Las *loggie* de Rafael, con su característico uso de la perspectiva y la arquitectura, fueron una fuente de inspiración constante para Coecke, quien incluso llegó a copiar composiciones de ellas[32]. Estas obras se difundieron rápidamente a través de grabados y también influyeron en otras series de tapices, como las orlas de los *Hechos de los Apóstoles* encargados por Hércules Gonzaga y Felipe II[33] [fig. 18].

---

[28] Es importante destacar divergencias entre lo que se debía incluir según el manuscrito de la BNE y la realidad. Uno de los más llamativos es la inclusión, en primer plano, del tapiz *Envidia*, de un arquitecto y un escultor que se miran con gesto malhumorado y receloso, portando atributos característicos de sus respectivas artes. En el manuscrito no se los identifica con personajes concretos, aunque se menciona a Apeles, quien fue un ilustre pintor griego.

[29] Marlier 1966, p. 331.

[30] Ibídem, p. 333.

[31] Concha Herrero Carretero, *Tapices de Rafael para la Corona de España*, Madrid, Patrimonio Nacional, 2020 (en adelante, Herrero 2020).

[32] Por ejemplo, se destaca la figura del arquitecto en el tapiz *Envidia* (inv. 10004088).

[33] Anna Maria De Strobel y Cecilia Mazzetti di Pietralata, «Tapestries with the Acts of the Apostles from the cartoons of Raphael. List of weavings and copies», en Anna Maria De Strobel (ed.), *Leo X and Raphael in the Sistine Chapel. The tapestries of the Acts of the Apostles*, Roma, Edizioni Musei Vaticani, 2020, vol. I, p. 146 (en adelante, Strobel y Mazzetti 2020).

Además de las referencias al arte clásico, Coecke recurre a otros elementos propios del humanismo, como la iconografía del carro triunfal, que desempeña un papel central en la serie de *Los Pecados Capitales*. Este vehículo, símbolo de victoria y poder en la antigua Roma, se transformó en un emblema de la Edad Media y el Renacimiento. Inicialmente asociado a las victorias militares y al poder de los líderes políticos, el carro triunfal adquirió un nuevo significado con la llegada del cristianismo, convirtiéndose en un puente simbólico entre el mundo clásico y la religión cristiana[34]. Guiados por héroes o personajes históricos, estos carros se usaban en alegorías mitológicas con fuertes connotaciones religiosas. En el Medievo, se incorporaron a diversas celebraciones, tanto reales como literarias y artísticas. Aunque las entradas triunfales no fueron tan comunes en España, existen ejemplos destacados, como las entradas de Alfonso V de Nápoles (1396-1458) y Juan II de Aragón (1398-1479), que subrayan la relevancia de esta tradición en la época[35].

Por otro lado, en la literatura medieval, el carro triunfal cobró una dimensión alegórica fundamental. Obras como *Los triunfos* de Francesco Petrarca (1304-1374) y *La divina comedia* de Dante Alighieri (1265-1321) ampliaron el significado original de este símbolo, incorporándolo como un vehículo de alegorías mitológicas con un marcado carácter religioso. En ambas obras, los carros no solo son portadores de triunfos, sino que se convierten en vehículos de virtud, gloria celestial y valores espirituales, reflejando la integración de la cultura clásica con la moral cristiana.

Este proceso no solo representaba una adaptación de los temas grecorromanos al contexto medieval, sino que también simbolizaba la búsqueda de una armonización entre las creencias paganas y las cristianas. Así, los carros triunfales se transformaron en portadores de significados sacros, vinculados al triunfo de la fe y a valores eucarísticos. Este simbolismo perduró a lo largo del tiempo, y se puede ver reflejado en las fiestas del *Quattrocento* italiano, donde se celebraban entradas triunfales dedicadas al patrono de la ciudad, San Juan Bautista, o la ya comentada serie de tapices de Rubens en Descalzas.

---

[34]   Francisco Ollero Lobato, «Entre Amor y Marte. El carro triunfal durante los reinados de Carlos IV y Fernando VII», *Potestas: Religión, poder y monarquía. Revista del Grupo Europeo de Investigación Histórica*, 17 (2020), p. 134 (en adelante, Ollero 2020).

[35]   Ibidem.

Las cenefas

Dada la importancia y relevancia del conjunto de tapices, así como la notoriedad que adquirieron y su posterior retejido durante el siglo XVI, resulta interesante conocer alguna de las diferencias que tenían estas versiones. La fundamental era la orla que enmarcaba cada conjunto y que cumple funciones tanto estéticas como estructurales y simbólicas. Estas cenefas proporcionan contexto a lo que enmarcan, ya que completan el relato mediante inscripciones o personajes anecdóticos que aparecen en ellas, conectando elementos importantes de la escena y dando coherencia narrativa y unidad al conjunto. Las orlas de los tapices fueron, por tanto, elementos fundamentales que no solo aportan poder, prestigio y notoriedad, sino que su estudio puede ser clave para datarlos y contextualizarlos en su periodo de ejecución.

En particular, las dos series de Patrimonio Nacional presentan cenefas decorativas que aportan cohesión a las escenas de Coecke sobre los siete pecados capitales. Gracias a estas orlas, es posible datar ambas series y ayudan a determinar cuál fue tejida primero. De las dos, la serie más antigua es la que actualmente consta de cuatro paños y que, como se explicará más adelante, perteneció a María de Hungría. La orla de esta serie está ricamente decorada con guirnaldas de frutas, flores y troncos de palmera que rodean todas las escenas. En las esquinas inferiores, se hallan *putti*, que sostienen atributos de la prudencia, la sabiduría y la magnanimidad. En la parte superior, en el centro, sostenida por dos ángeles alados, aparece una filacteria en latín cuyo contenido proviene de la obra *Distiques moraux* del humanista y poeta italiano Publio Fausto Andrelini (1450-1518), amigo de Erasmo de Róterdam (1466-1536) y colaborador suyo en la composición de los *Adagia* redactados hacia 1500[36].

Sin duda, el elemento más original de todos los tapices conservados se encuentra en el dedicado a la soberbia, que presenta, en la orla inferior, un gran pavo real con la cola recogida, repitiendo el atributo del estandarte de la vanagloria. Estas decoraciones deben enmarcarse hacia 1540-1545, momento en que se conoce que el conjunto fue adquirido.

La otra serie, la número 21, conserva seis de sus siete paños originales y, aunque mantiene elementos como los cartuchos en latín sostenidos por infantes, aquí sin alas, presenta unas cenefas más elaboradas que las de la serie anterior. En esta versión, los *putti* se actualizan y reubican en comparación con el otro conjunto de

---

[36]   Cleland 2014, p. 190.

Patrimonio Nacional, y las guirnaldas de frutas y vegetación se combinan con parejas de hermas y figuras grotescas en situaciones dispares, lo que da origen al término *grutesco* para describir estas composiciones[37]. Este término proviene de finales del siglo XV, cuando los exploradores en Roma descubrieron las ruinas de la *Domus Aurea*, el palacio imperial de Nerón. En sus paredes se hallaban decoraciones simétricas y coloridas, que incluían animales extraños y criaturas imaginarias. Dado que las ruinas estaban cubiertas por escombros, los primeros investigadores pensaron que las decoraciones provenían de grutas, lo que llevó a que estos adornos fueran denominados grutescos.

Desde su redescubrimiento, especialmente a partir de mediados del siglo XVI, los grutescos han inspirado a numerosos artistas[38]. Figuras como Hans Vredeman de Vries (1527-1609) y Cornelis Floris de Vriendt (1534-1575) introdujeron este estilo ornamental exuberante e imaginativo en los Países Bajos a través de sus grabados, como en el libro *Carros fantásticos* (1552)[39]. La difusión de estos diseños impresos amplió su potencial compositivo, permitiendo su adaptación a diversas ramas del arte, como demuestran estas orlas. Su presencia en los tapices permite además retrasar su datación, situándolos hacia mediados de siglo, lo que indica que fueron tejidos después de los de María de Hungría[40].

Otro elemento distintivo que confiere originalidad a esta serie, en comparación con la anterior, es la inclusión de las denominadas misericordias corporales o *contrapecados*: medallones que imitan relieves escultóricos en bronce dorado, situados en la zona central inferior de los tapices. Estos tondos, recortados sobre cuero y sostenidos por figuras femeninas alegóricas, presentan en su parte inferior una inscripción en latín que describe una escena alusiva a una obra de misericordia, concebida como contrapeso simbólico frente a cada uno de los pecados capitales.

De este modo, frente a la avaricia se representa la acción de vestir al desnudo; contra la lujuria, ofrecer de beber al sediento; ante la ira, redimir al cautivo; frente a la gula, alimentar al hambriento; en oposición a la envidia, acoger al peregrino; y,

---

[37] Guy Delmarcel, *Flemish Tapestry from the 15th to the 18th Century,* Tielt, Lannoo Uitgeverij, 1999b, p. 128 (en adelante, Delmarcel 1999b).

[38] Bauer 1981, p. 58.

[39] Dirk Imhof, «The dissemination of grotesque prints through the Plantin Press», en Marijke Hellemans (ed.), *Grotesques. Fantasy portrayed* [cat. exp. Amberes, Museo Plantin-Moretus], Bélgica, BAI, 2019, pp. 92-114 (en adelante, Imhof 2019).

[40] Cleland 2014, pp. 202-204.

Fig. 19. Leone Leoni y Pompeo Leoni, *La reina María de Hungría*, 1553-1564, bronce fundido, 175 x 60 x 70 cm. Madrid, Museo Nacional del Prado, E000263.

finalmente, frente a la pereza, visitar a los enfermos. Estas acciones caritativas, a través de las cuales se socorre al prójimo en sus necesidades tanto corporales como espirituales, remiten no solo a la tradición cristiana de las obras de misericordia, sino que se articulan también con un conjunto de virtudes —modestia, generosidad, castidad, misericordia, templanza, benevolencia y diligencia— de raigambre tomista y escolástica. Sus personificaciones sobrevuelan el campo del tapiz con expresiones de desaprobación, reforzando visualmente la dimensión moralizante que contrapesa la representación de los pecados.

Procedencia (I): María de Hungría

La calificada como serie más antigua de las dos de Patrimonio Nacional, presenta sendos monogramas de tejedores distintos: uno de ellos es desconocido y el otro pertenece a Willem de Pannemaker[41]. Este conjunto, considerado el de mayor calidad de los dos que están en España, fue encargado por María de Hungría, reina consorte de este país y gobernadora de los Países Bajos entre 1531 y 1555[42] [fig. 19]. Se estima que la reina hizo el encargo entre 1542 y 1544, fecha en la que realizó un pago a Pieter van der Walle por la entrega de los tapices ya terminados[43]. La documentación existente, tanto escrita como visual, confirma el uso de estas tapicerías en contextos importantes bajo el gobierno de los Habsburgo por parte de María para

---

[41]   Iain Buchanan, «Designers, Weavers and Entrepreneurs: Sixteenth-Century Flemish Tapestries in the Patrimonio Nacional», *The Burlington Magazine*, 134, 1071 (1992), p. 382 (en adelante, Buchanan 1992).

[42]   Noelia García Pérez y Melania Soler Moratón, *María de Hungría y Juana de Austria*, Murcia, Tres Fronteras Ediciones, 2020, pp. 43-61 (en adelante, García y Soler 2020).

[43]   Archivo General de Simancas [en adelante AGS], Contaduría Mayor, 1.ª época, 1017; Junquera y Herrero 1986, p. 150.

Fig. 20. Tiziano Vecellio, *Sísifo*, 1548-1549, 237 x 216 cm, óleo sobre lienzo.
Madrid, Museo Nacional del Prado, P000426

decorar su castillo-palacio de Binche[44]. De hecho, apenas cinco años después de su adquisición, esta tapicería fue desplegada en la Gran Sala del palacio para recibir al emperador Carlos V y a su hijo, el príncipe Felipe II, durante su «felicísimo» viaje por los territorios que este heredaría de su padre[45].

Para conocer la ubicación exacta de este juego de tapices en la sala, recurrimos a los escritos de Vicente Álvarez y Juan Cristóbal Calvete de Estrella[46]. El primero menciona simplemente que «aquella sala estaba colgada de muy buena tapicería de lana y seda, y oro y plata de muy buena mano, la historia della era los triumphos de las siete virtudes contra los siete pecados mortales, cada uno en su paño»[47]. Por su parte, Calvete de Estrella ofrece una descripción más detallada, señalando la disposición de los paños y algunos de sus detalles. El cronista explica que los tapices se intercalaban con las célebres pinturas de los *Condenados*, de Tiziano y Michel Coxcie (1499-1592)[48]. El cronista comenta de ellos que, «seis piezas de una rica tapicería de extremada estofa y fineza de seda y oro y plata, de tan maravillosas figuras que, viéndolas, representaban claro lo que eran»[49] [fig. 20].

Lo interesante de esta disposición es que no sigue el orden habitual de los pecados (soberbia, avaricia, lujuria, ira, gula, envidia y pereza), sino que la serie comenzaba, de derecha a izquierda partiendo de la chimenea del salón, con *Gula*, seguida por *Lujuria*, *Ira*, *Envidia*, *Avaricia*, *Pereza*, y culminaba con *Soberbia*, que tenía la particularidad de situarse detrás del dosel donde se sentaban el emperador y su hijo. Esta organización

---

44 Iain Buchanan, «The Tapestry Collection of Mary of Hungary», *Marie de Hongrie: Politique et culture sous la renaissance aux Pays-Bas; Actes du colloque tenu au Musee Royal de Mariemont les 11 et 12 novembre 2005*, Mariemont, Monographies du Musée Royal de Mariemont, 17, 2008, p. 146 (en adelante, Buchanan 2008).

45 Marta Carrasco Ferrer, «La iconografía mitológica en el Palacio de Binche bajo María de Hungría», *Anales de Historia del Arte* (2011), pp. 72-74 (en adelante, Carrasco 2011).

46 Noelia García Pérez, «Mary of Hungary, Patron and Collector, from Political to Cultural History: The State of the Question», en *Mary of Hungary. Renaissance Patron and Collector Gender, Art and Culture*, Turnhout, Brepols, 2020, p. 87 (en adelante, García 2020).

47 Vicente Álvarez, *Relación del camino y buen biaje que hizo el Príncipe de España don Phelipe*, s.l., s.i., 1551, p. 644 (en adelante, Álvarez 1551).

48 Gómez-Centurión 1998.

49 Juan Cristóbal Calvete de Estrella, *El felicissimo viaie del muy alto y muy Poderoso Principe Don Phelippe, Hijo del Emperador Don Carlos Quinto Maximo, desde España a sus tierras dela baxa Alemaña: con la descripcion de todos los Estados de Brabante y Flandes*, Amberes, Martin Nucio, 1552, libro tercero 182v (en adelante, Calvete 1552).

no puede ser interpretada solo como una mera cuestión estética o de tamaño; parece más bien un mensaje alegórico[50]. La colocación de *Soberbia* detrás del emperador podría interpretarse como un simbolismo de que aquellos que se rebelan y se creen superiores al monarca serán finalmente dominados por su poder[51]. Frente al dosel, se disponían los tapices de *Avaricia* y *Pereza*, en un mensaje claro sobre la necesidad del príncipe Felipe y del propio emperador de ser generosos y proactivos con los territorios que poseían o iban a poseer, en un notorio juego simbólico relacionado con ese «espejo de príncipes» ya mencionado. Por último, la disposición del resto de paños a la derecha del emperador representaría a sus enemigos, especialmente los príncipes rebeldes protestantes, simbolizando los desafíos a su autoridad.

Es evidente que María de Hungría prestó especial atención a todos los detalles de este acto, considerando cuidadosamente cada aspecto simbólico[52]. Decoró la sala con cuadros y tapices de autores de renombre y contemporáneos al felicísimo viaje [fig. 21]. También colocó numerosos escudos heráldicos que representaban tanto su linaje como el de su hermano, junto con la orden del Toisón de Oro[53]. Los escudos no solo adornaban las paredes del castillo, sino también la mesa del banquete, en la que se exhibieron heráldica realizada en azúcar[54]. María de Hungría, además de ser una gran gobernadora, era una estratega que entendió el poder del arte como vehículo para transmitir mensajes

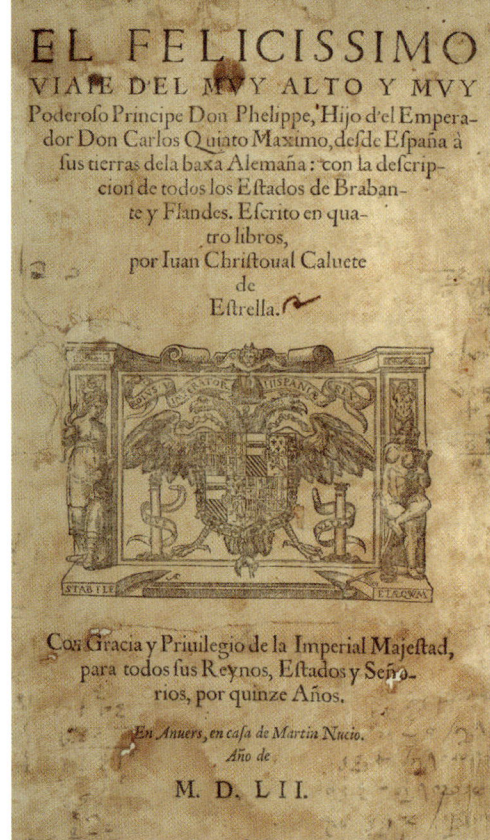

Fig. 21. Juan Cristóbal Calvete de Estrella, *El felicíssimo viaje del muy alto y muy Poderoso Príncipe Don Phelippel.* Patrimonio Nacional. Madrid, Real Biblioteca, IX/4974

50   Elena Bellido Pérez, «El patronazgo como estrategia propagandística en los Habsburgo: las intenciones de poder de María de Hungría a través del arte», *María de Hungría y Juana de Austria: el patronazgo artístico femenino en las cortes del Renacimiento en Europa*, Murcia, Ediciones Tres Fronteras, 2020, pp. 67-88 (en adelante, Bellido 2020); y Carrasco 2011, p. 85.

51   Fernando Checa Cremades (dir.), *Tesoros de la Corona de España*, Madrid, Fons Mercator, 2010, p. 189 (en adelante, Checa 2010).

52   Cruz María Martínez Marín, «La influencia literaria en el arte desplegado en el Palacio de Binche», en *María de Hungría y Juana de Austria: el patronazgo artístico femenino en las cortes del Renacimiento en Europa*, Murcia, Ediciones Tres Fronteras, 2020, pp. 43-65 (en adelante, Martínez 2020b).

53   García 2020, pp. 89-90.

54   AGP, «Registros de la Orden del Toisón de Oro», Libros y Registros, 7004, h. 1481-1573, vol. II, fols. 502-539.

Fig. 22. Antonio Moro,
Juana de Austria, 1560,
óleo sobre lienzo,
195 x 105 cm. Madrid,
Museo Nacional del
Prado, P002112.

políticos y para resaltar la importancia de su dinastía[55]. Este periplo del príncipe Felipe marcó un punto de inflexión en su vida, tanto desde un punto de vista artístico, al conocer las obras de artistas como El Bosco, Pieter Brueghel o el propio Coecke, como desde una perspectiva política, al tomar plena conciencia de la magnitud de los territorios que gobernaría y de la diversidad de los súbditos a los que debía tutelar.

Las tapicerías de *Los Pecados Capitales* acompañaron a María de Hungría en su retiro en Cigales y, tras su muerte, pasaron a formar parte de las colecciones de Felipe II. En el inventario *post mortem* de la gobernadora, realizado en 1558, aparecen individualizados los siete paños con sus medidas[56]. Aunque estos tapices pertenecían a Felipe II y, por tanto, a la Corona de España, estuvieron en usufructo en los bienes de Juana de Austria [fig. 22], utilizándose en importantes eventos de la monarquía española durante su regencia en ausencia de su hermano, entre 1554 y 1559[57]. Este hecho subraya la relevancia de estas tapicerías en los actos de la monarquía española de la época y marcarán su devenir futuro dentro de sus colecciones reales.

Procedencia (II): Lamoral de Egmont

La otra serie de tapices, de los cuales se conservan seis de los siete paños originales, fue realizada para Lamoral de Egmont (1522-1568), caballero de la Orden del Toisón de Oro, conde de Egmont, gobernador de Flandes y miembro del consejo de Estado en los Países Bajos. Fue un leal súbdito del emperador Carlos V, en su lucha contra los protestantes, y también lo fue con Felipe II [fig. 23], en su guerra contra Francia, y participó en batallas clave como las de San Quintín o Gravelinas. Sin embargo, su oposición a Antonio Perrenot de Granvela (1517-1586), el principal consejero de Margarita de Parma (1522-1586), y a su política generó una serie de tensiones entre el monarca y los nobles flamencos. Estas presiones desembocaron en actos violentos y sacrílegos contra iglesias y conventos en los Países Bajos. Para sofocar la revuelta,

---

[55] Anne-Sophie Laruelle, «A new perspective on Mary of Hungary's: Labours of Hercules Tapestries (Patrimonio Nacional, serie 23)», en *Mary of Hungary. Renaissance Patron and Collector Gender, Art and Culture*, Turnhout, Brepols, 2020, pp. 123-134 (en adelante, Laruelle 2020); y María José Rodríguez-Salgado, «Challenging Images: Charles V's Relationship with Art, Artists and Festivities», en *Mary of Hungary. Renaissance Patron and Collector Gender, Art and Culture*, Turnhout, Brepols, 2020, pp. 23-41 (en adelante, Salgado 2020).

[56] AGS, Contaduría Mayor de Cuentas, leg. 1093.

[57] Almudena Pérez Tudela, *Los inventarios de doña Juana de Austria, princesa de Portugal (1535-1573)*, Jaén, Universidad de Jaén, UJA Editorial, 2017, p. 17 (en adelante, Pérez de Tudela 2017).

Fig. 23. Antonio Moro,
*Felipe II en la jornada
de San Quintín*, 1560,
óleo sobre lienzo,
218 x 121 cm. Colecciones
Reales. Patrimonio
Nacional, inv. 10014146.
Real Monasterio de
San Lorenzo de El Escorial

Felipe II envió al duque de Alba, Fernando Álvarez de Toledo (1507-1582) [fig. 24], quien consiguió condenar a los principales responsables.

Entre los condenados se encontraba Lamoral, quien fue ajusticiado el 5 de junio de 1568 en la Plaza Mayor de Bruselas[58]. Tras su ejecución, todos los bienes del conde fueron confiscados y entregados al rey de España, quien, sin embargo, devolvió la mayoría de estos a su hijo, excepto uno: el juego de tapices de *Los Pecados Capitales*[59]. Esta serie fue entregada por el duque de Alba en 1573, quien la incluyó en su correspondencia, haciendo mención de ella en varias cartas y documentos conservados en los archivos de esta casa ducal y en el archivo de Simancas[60].

Además de las cenefas, esta segunda serie de tapices presenta algunas diferencias más con respecto al conjunto de María de Hungría. Los paños son ligeramente más altos, con una medida de media ana de diferencia (en parte debido a esa orla), y sus tonalidades son algo más apagadas que las del otro conjunto. La autoría material de este, también con una excepcional calidad de 8 hilos de urdimbre por centímetro cuadrado, no puede determinarse a través de monogramas, ya que en este caso no fueron utilizados. En cambio, en la serie de María de Hungría sí aparecen, lo que ha permitido atribuir su ejecución a Willem de Pannemaker y a otro tejedor desconocido, posiblemente Pieter van der Walle, el comerciante que vendió estos tapices a la reina Habsburgo[61] [figs. 25 y 26].

Fig. 24. Anónimo, *Retrato de Fernando Álvarez de Toledo, Duque de Alba*. Patrimonio Nacional. Madrid, Real Biblioteca, GRAB/62 (219)

58   Sobre el proceso del conde de Egmont, Gustaaf Janssens, *Les comtes d'Egmont et de Hornes. Victimes de la répression politique aux Pays-Bas espagnols,* Bruselas, Musée de la Ville de Bruxelles, 2003 (en adelante, Janssens 2003). En la Real Biblioteca de Patrimonio Nacional se encuentra una carta de Ochoa de Aritzpe a Pedro de Acuña que describe el momento de las cabezas cortadas de los nobles condenados. II/2141, doc. 89.

59   María del Rosario Falcó y Osorio, *Documentos escogidos del Archivo de la Casa de Alba*, Madrid, Impr. de M. Tello, 1891, p. 111 (en adelante, Falcó 1891).

60   AGS, Estado, leg. 551, doc. 58, y AGS, Estado, leg. 551, fol. 174. Almudena Pérez Tudela, «The Third Duke of Alba: Collector and Patron of the Arts», en *Alba: general and servant to the crown*, Zutphen, Karwansaray Publishers, 2013, pp. 169-191 (en adelante, Pérez 2013).

61   También este monograma se atribuyó durante un tiempo al tapicero Héctor Vuyens. Jules Guiffrey, *Histoire générale des arts appliqués à l'industrie du Ve à la fin du XVIIIe siècle. Les tapisseries du XIIe à la fin du XVIe siècle*, París, Librairie Centrale des Beaux-Arts, 1911, vol. 6, p. 142 (en adelante, Guiffrey 1911).

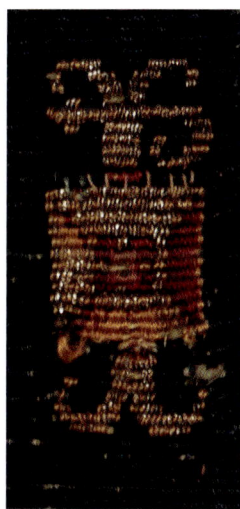

Fig. 25. Detalle del monograma de tapicero desconocido en el orillo lateral derecho del tapiz *La lujuria*, inv. 10004089

Fig. 26. Detalle del monograma del tapicero Willem Pannemaker, en el orillo lateral derecho del tapiz *La Pereza*, inv. 10004091

Cuando ambas series de tapicería llegaron a España, se estableció una distinción entre ellas, denominando *pecados viejos* a los de María de Hungría (debido a que fueron los primeros en llegar a la corte española y los más antiguos en cuanto a fabricación) y *pecados nuevos* a los de Lamoral de Egmont. A partir de este momento, ambas colecciones han sido referenciadas en prácticamente todos los inventarios de la Corona de España, tanto Austria como Borbón.

El estudio de todos estos inventarios, transcritos al final de esta monografía, arroja una serie de datos muy interesantes para la intrahistoria de ambos conjuntos. El primero, el mantenimiento de las denominaciones de *viejos* y *nuevos* de ambas series hasta el inventario de 1815. En este momento, hay un intercambio de nomenclaturas y ese cambio se mantendrá hasta la II República, en cuyo inventario de 1936 siguen denominándose los *pecados viejos* como la colección que tenía seis tapices, y los nuevos, como aquella que tenía cuatro[62]. Posteriormente, esta situación se corrigió en 1942, restableciendo el orden primigenio.

Un dato importante en estos inventarios es la tasación de las colecciones. En la época de Felipe II, se estableció que los tapices *viejos* tenían un valor superior a los *nuevos*[63]. Así, en el inventario de tapicería de Felipe II de 1621, los tapices del conde de Egmont se valoraban en nueve ducados por cada ana, mientras que los de María de Hungría alcanzaban los dieciséis[64]. Sin embargo, a partir del reinado de Felipe IV, esta valoración se invirtió, y durante los gobiernos de los Austrias y de Felipe V, los tapices *nuevos* comenzaron a tener más valor que los viejos. Por ejemplo, en el inventario de bienes de Isabel de Borbón, de 1647, los *pecados viejos* se tasaban en 184.000 reales, mientras que los *pecados nuevos* ascendían a 361.550 reales[65]. La diferencia seguía siendo notable incluso en tiempos de Felipe V: en el inventario testamentario de 1746, los *nuevos* se valoraban en 3.996 doblones, frente a solo 1.081 doblones para los *viejos*[66].

---

[62] AGP, signatura general de cajas, 2964, exps. 1 y 2.

[63] Guy Delmarcel, «Le roi Philippe II d'Espagne et la tapisserie: L'inventaire de Madrid de 1598», *Gazette des Beaux-Arts,* 6, 134 (1999a), pp. 154, 163 y 169 (en adelante, Delmarcel 1999a).

[64] AGP, leg. 919; AGS, Contaduría Mayor de Cuentas, leg. 1093.

[65] Archivo Histórico de Protocolos de Madrid (en adelante AHPM), Protocolo 5412.

[66] AGP, Libros y Registros, 247.

No fue hasta el reinado de Carlos III (1716-1788) cuando se resolvió este desfase, revirtiendo nuevamente las tasaciones y colocando los *pecados viejos* como los más valiosos[67].

Por último, es importante destacar la mención que se realiza en 1647, en la relación de bienes de Isabel de Borbón [fig. 27], por la cual, los *pecados viejos* «servían en casa de la Reyna Nuestra Señora»[68]. Así, los *pecados* que habían pertenecido a María de Hungría pasaron a manos de las reinas de España, siendo utilizados por ellas en sus propios actos oficiales o disponiendo de ellos para cualquier necesidad que consideraran conveniente, creándose con ello el Oficio de Tapicería de la Reina.

Los oficios de tapicería del rey y de la reina

Antes del reinado de Felipe II, la distinción entre los bienes artísticos que pertenecían a los reyes de España y los que eran propiedad de la monarquía era confusa y poco definida. Fue con este monarca cuando, en su testamento, se afirmó que «el Estado es indivisible y también lo es el patrimonio de la Corona»[69]. A partir de ese momento, y esto afectaba en particular a la colección de tapicería de la monarquía española, tras la muerte de un monarca, ninguno de sus bienes podría ser subastado públicamente y dispersado. El incremento paulatino de este patrimonio requería una organización y cuidado cada vez mayores.

Para la conservación de tan valiosa colección, se nombraba a un funcionario de palacio conocido como «Jefe de Tapicería», quien usualmente también dirigía la «Furriera», es decir, el departamento encargado de los bienes muebles propiedad del rey. A su cargo estaba el «Oficio de Tapicería», del que dependían los mozos y los ayudantes, quienes se encargaban del colgado, desmontaje, almacenamiento, reparaciones y traslado de los tapices, tanto dentro del palacio como fuera de él, con motivo de fiestas religiosas, jornadas o eventos políticos. Ellos eran los encargados de seleccionar las series de tapices según el evento, colocarlas adecuadamente y supervisar que todo estuviera en su lugar de forma correcta[70].

---

[67] Fernando Fernández-Miranda y Lozana, *Inventarios Reales. Carlos III 1789*, Madrid, Patrimonio Nacional, 1789, vol. III, p. 177.

[68] AHPM, Protocolo 5412.

[69] María Teresa Ruiz Alcón (coord.), *Colecciones Reales del Patrimonio Nacional*, Barcelona, Lunwerg, 1986, p. 9 (en adelante Ruiz 1986).

[70] Elías Tormo y Monzó y Francisco J. Sánchez Cantón, *Los tapices de la casa del rey, N.S.: Notas para el catálogo y para la historia de la colección y de la fábrica*, Madrid, Mateu, 1919, p. XXI (en adelante, Tormo y Sánchez 1919).

Fig. 28 Antonio Raphael Mengs, *Carlos III*, 1767, óleo sobre lienzo, 151,8 x 110,3 cm. Madrid, Museo Nacional del Prado, P002200

Fig. 29. Atribuido a Lorenzo Quirós, *Ornato de la puerta de Guadalajara para la entrada de Carlos III en Madrid*, h. 1760, 111 x 165 cm, óleo sobre lienzo. Madrid, Colección Abelló

Dentro de esta organización oficial, es interesante destacar cómo, a principios del siglo XVII, parte de la colección de tapices estaba bajo la gestión de la reina. Esto se debe a que, a partir de 1622, la tapicería de la corona se dividió en dos entidades independientes para cada uno de los monarcas. Este departamento, conocido como «Oficio de Tapicería de la Reina», tenía un jefe independiente del del rey, quien, en ocasiones, también supervisaba la «Furriera» de la monarca. La separación definitiva de ambos oficios se produjo en 1622, y se mantuvo hasta el reinado de Carlos III [fig. 28], quien, a través de un Real Decreto de 1761, unificó ambos despachos dentro de la Casa del Rey, eliminando el de la reina[71].

El trabajo de ambos oficios era similar y consistía en proporcionar a la casa real las tapicerías necesarias, asegurándose de que estuvieran siempre cuidadas, limpias y en perfecto estado, listas para cualquier evento. Aunque el arte del tapiz ya era conocido desde tiempos

[71] Ibídem, p. XXI.

antiguos, para la dinastía de los Austrias y los primeros Borbones españoles, los tapices eran símbolos de poder. La posesión de diversas series de tapices no solo confería lujo a sus propietarios, sino que también cumplía funciones prácticas, como la de regular la temperatura de los espacios, y estéticas, al crear distintos ambientes y embellecer las estancias con gran magnificencia. Lejos de ser simples elementos decorativos, los tapices desempeñaban una función más compleja: servían como emblemas de poder político y como medios para transmitir mensajes simbólicos y alegóricos. Por ello, era fundamental que estas piezas estuvieran siempre en perfecto estado y listas para ser utilizadas en cualquier acto o celebración, como bodas, consagraciones o fiestas litúrgicas[72] [fig. 29].

Es relevante estudiar cómo era el trabajo cotidiano de este oficio de tapicería de la reina, así como las diferencias y similitudes con el oficio correspondiente al rey. En primer lugar, cabe destacar la cantidad de tapices que poseía este oficio. Aunque no eran muchos ni los de mayor calidad, algunas series son hoy de gran importancia en la colección de Patrimonio Nacional. Curiosamente, muchas de ellas llegaron a este oficio tras haber pertenecido a María de Hungría, tía de Felipe II. Por lo tanto, se podría decir que la herencia de la gobernadora de los Países Bajos fue, en parte, su origen, ya que importantes series, como *La vida de Moisés*, *Vertumno y Pomona*, y, por supuesto, *Los Pecados Capitales*, formaban parte de este lote. Así, la conexión femenina de estas series de tapices, que comenzó con María de Hungría, continuó con Juana de Austria (reina regente de España de 1554 a 1559) y culminó con la creación, en 1622, del Oficio de Tapicería de la Reina, se mantenía viva junto con otras labores como el cuidado del estrado y el mantenimiento de sus camas.

Aunque este oficio estuvo generalmente unido al del rey, hubo momentos en que se separó, o al menos tuvo delegaciones fuera del Alcázar real de Madrid o, posteriormente, el Palacio Real. Dos de los casos más notables de escisión se sucedieron con la partida de Mariana de Neoburgo (1677-1740) [fig. 30] al Alcázar de Toledo tras la muerte de Carlos II, a donde se llevó consigo parte de los tapices del oficio de la reina, que añadió el título de «madre» para diferenciarlo del de la regente[73]. Es interesante comparar las listas de las colecciones de Toledo y Madrid, ya que, mientras Mariana poseía los tapices de *Los Pecados Capitales* cuando era esposa de Carlos II, en Toledo, tras enviudar, se encontraba con una colección mucho más reducida, sin los tapices que habían pertenecido a María de Hungría[74].

[72] Calvert 1921, p. 54. Por ejemplo, en 1660 se utilizaron los *Pecados* de María de Hungría (aunque el autor considera que son los de Egmont) en la boda de la infanta María Teresa con Luis XIV.

[73] AGP, leg. 917.

[74] Gloria Martínez Leiva, *Mariana de Neoburgo, última reina de los Austrias. Vida y legado artístico*, Madrid, CEEH, 2020, p. 360 (en adelante, Martínez 2020b).

Fig. 30. Jan van Kessel II,
*Retrato de Mariana de
Neoburgo*, 1701-1706,
óleo sobre lienzo,
81 x 61,5 cm. Colecciones
Reales. Patrimonio
Nacional, inv. 10247142.
Galería de las
Colecciones Reales

Otro momento de separación se produjo con los borbones, bajo Isabel Farnesio (1692-1766). Después de enviudar y establecerse en La Granja y Riofrío, Isabel gestionó una serie de tapices, principalmente adquiridos por ella, que utilizó en eventos y festividades. En este caso, el «Oficio de Tapicería de la Reina Viuda» (como se denominaba en este momento) estaba a cargo de Nicolás Sánchez, quien gestionaba obras realizadas en seda y lana, como las *Monterías* diseñadas por Teniers (finalizadas en 1752), o las de la *Vida y Pasión de Cristo*, adquiridas a la fábrica de Gobelinos antes de 1754, y que se utilizarían en las festividades del Corpus en San Ildefonso[75].

---

[75] AGP, Fernando VI, caja 704. Sobre la serie *Monterías*, Concha Herrero Carretero, *Catálogo de tapices del Patrimonio Nacional III*, Madrid, Patrimonio Nacional, 2000 (en adelante, Herrero 2000).

Fig. 31. *Vista de la Galería Principal engalanada con tapices. Palacio Real de Madrid*, 1959. Fotografía de Francisco Villanueva López. Patrimonio Nacional. Madrid, Archivo General de Palacio, inv. 10153741

La puesta en valor de *Los Pecados* y los tapices de la Corona

El inventario de tapices realizado tras la muerte de Carlos III en 1788 marcó la última vez que las dos series de *Los Pecados Capitales* se encontraban completas[76]. La Guerra de la Independencia y el turbulento reinado de Carlos IV (1788-1808) causaron la pérdida de varios paños de estas series, especialmente del conjunto propiedad de María de Hungría. En el inventario de efectos existentes en el Oficio de la Tapicería, realizado entre el 9 de agosto de 1815 y el 18 de abril de 1816, se registró que de los *pecados nuevos* solo quedaban seis paños, con la *Soberbia* perdida, mientras que de los *pecados viejos* se habían extraviado tres (*Avaricia*, *Ira* y *Envidia*), por lo que solo quedaban cuatro del conjunto original[77].

A partir de este momento, ambas series se agruparon en una sola entrada en los inventarios durante los reinados de Fernando VII (1808-1833)[78], Isabel II (1833-1868)[79] e, incluso, en los primeros años del reinado de Alfonso XII (1857-1885)[80]. Este hecho puede interpretarse como un reflejo de la falta de interés por estas obras en la época, posiblemente debido a las modas artísticas de entonces. El gusto por decoraciones más ligeras y modernas, como sedas francesas, cuadros o tapices más pequeños de temática bucólica, relegó las grandes series de tapices de los siglos XVI y XVII a un segundo plano[81]. Además, el abandono de la costumbre de cambiar las decoraciones de los palacios según las estaciones del año —especialmente la tradición de colgar grandes paños de tapicería en invierno— redujo aún más su presencia en las residencias reales[82] [fig. 31].

Sin embargo, el reinado de Alfonso XII marcó un punto de inflexión en la valoración de la tapicería de la Corona. El monarca, consciente de la riqueza y la calidad de la colección real, entendió la importancia de conservar y poner

---

[76] Fernando Fernández-Miranda y Lozana, *Inventarios Reales. Carlos III 1789*, Madrid, Patrimonio Nacional, 1789, vol. III, p. 177.

[77] AGP, leg. 769, exp. 7.

[78] AGP, signatura general de cajas, 765, exp. 19.

[79] AGP, Libros y Registros, 535.

[80] AGP, leg. 1159, exp. 1.

[81] Pilar Benito García, «La decoración textil del Palacio Real de Madrid en tiempos de Alfonso XII», *Goya* (2000), pp. 281-288 (en adelante, Benito 2000).

[82] José Luis Sancho, «La imagen alfonsina del Palacio Real de Madrid», *Espacio, tiempo y forma. Serie VII, Historia del Arte*, 3 (1990), pp. 375-387 (en adelante, Sancho 1990).

en valor estas piezas. Durante su reinado, se realizaron varias acciones para catalogar y divulgar esta valiosa colección tanto a nivel nacional como internacional. En 1875, se elaboró un exhaustivo inventario de tapices que volvió a dividir *Los Pecados Capitales* en las categorías de «viejos» y «nuevos», detallando cada uno de los paños con precisión. Este inventario refleja el grado de conocimiento y la implicación que la Corona tenía en la conservación y el estudio de su patrimonio artístico[83] [fig. 32].

Fig. 32. *Dormitorio del rey*. Fotografía de Jules David. Patrimonio Nacional. Madrid, Archivo General de Palacio, inv. 10183478

---

[83]   A pesar de eso, la confusión siguió siendo constante entre ambas series. Sirvan como ejemplo, Gaston Mingeon, *Les arts du tissu*, París, H. Laurens, 1909, p. 268 (en adelante, Mingeon 1929); Marlier 1966, p. 332; y Cleland 2014, pp. 202-203.

472.—Les Sept péchés capitaux.—L'Orgueil (tapisserie du palais de Madrid).

Fig. 33. Jean Laurent
y Cía, *Pecados capitales.
La Soberbia*, en "Real
Palacio de Madrid.
Porcelanas, muebles
y tapices", h. 1884,
albúmina sobre papel.
Patrimonio Nacional.
Madrid, Real Biblioteca,
FOT/23, p. 97,
inv. 10162722

Poco después, en 1879, se realizó otro registro, esta vez notarial, en el que se ordenó la realización de catálogos sistemáticos, acompañados de fotografías tomadas por la casa Laurent [fig. 33]. Esta medida mejoró el seguimiento y la identificación de los tapices, facilitando su localización en caso de pérdida o robo[84]. Además, se inició la clasificación y catalogación de las tapicerías del Palacio Real de Madrid, a cargo de Juan Bautista Crooke y Navarrot (1829-1904), conde consorte de Valencia de Don Juan, director de la Real Armería, junto al experto Paulino Savirón y Esteban (1827-1890).

El prestigio de la colección real de tapicerías llevó a su exhibición en exposiciones nacionales e internacionales, como la Histórico-europea de 1893, y a la creación de museos especializados para albergar y exhibir las mejores obras de esta vasta colección[85].

---

[84]   Herrero 2000, p. 29.
[85]   *Exposición* 1893, n. 596.

Fig. 34. Ramón Rosals, *Retrato del rey Alfonso XII*, 1886, fotografía iluminada sobre papel, 78 x 59 cm. Colecciones Reales. Patrimonio Nacional, inv. 10009624 (en depósito en el Arzobispado de Madrid, Catedral de Santa María la Real de la Almudena)

Destaca el primero de ellos, el Museo de Tapices o del Renacimiento, inaugurado en 1869 en el Real Monasterio de San Lorenzo de El Escorial. A lo largo del siglo XX, se abrieron otros museos en palacios reales como los de Aranjuez (1933) y La Granja (1933), así como el Museo de Tapices Góticos (1942) en el Palacio Real de Madrid, en salas previamente ocupadas por María Cristina de Habsburgo-Lorena (1858-1929). Estas iniciativas marcaron un renovado interés por estas piezas, que habían caído en el olvido durante varias décadas.

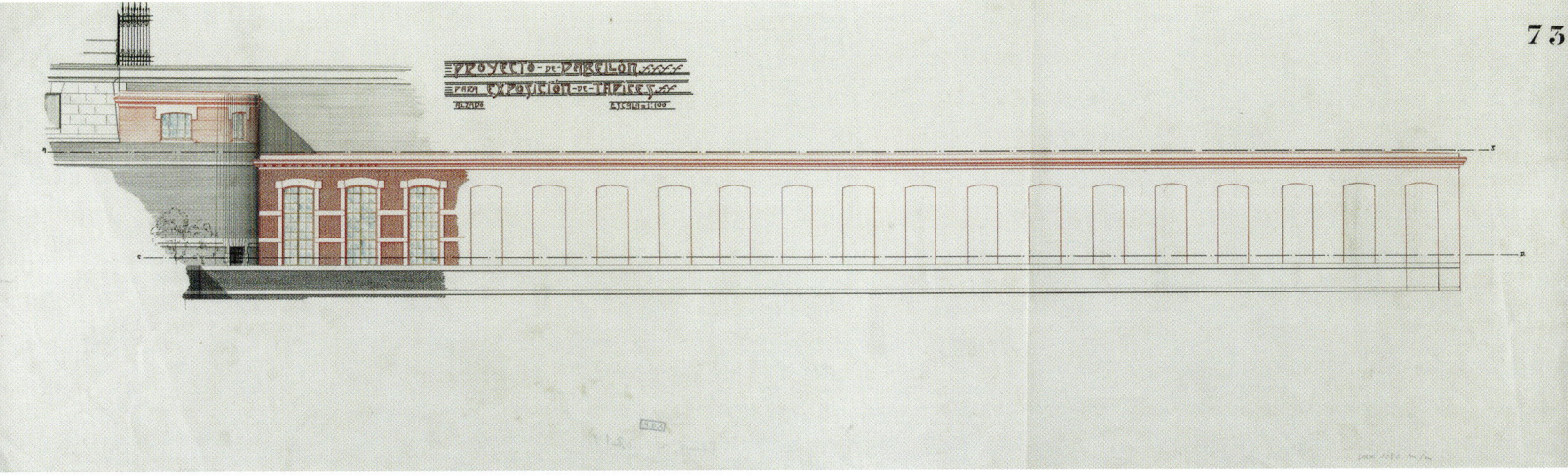

Fig. 35. Anónimo, *Alzado. Proyecto de pabellón para exposición de tapices*, h. 1930, tinta sobre papel, 30,1 x 106,4 mm. Patrimonio Nacional. Madrid, Archivo General de Palacio, Planos, inv. P00002219

El verdadero impulso a la valorización de esta colección se produjo a principios del siglo XX, gracias a la labor del conde de Valencia de Don Juan. Su discurso de ingreso en la Academia de Bellas Artes de San Fernando, pronunciado en 1903, fue clave para cambiar la percepción pública sobre los tapices reales. Ese mismo año, el conde publicó *Tapices de la Corona*, un trabajo que incluyó las fotografías de Laurent y un detallado catálogo de la colección[86]. Aunque el rey Alfonso XII ya había fallecido, su legado en la preservación y valorización de las colecciones de la Corona permaneció presente en diversas iniciativas culturales [fig. 34].

En paralelo, se realizaron modificaciones en las decoraciones históricas de los Reales Sitios, y el Palacio Real de Madrid resultó el más afectado. Durante esta época, se incorporaron de forma permanente tapicerías a varios de los espacios del palacio, incluidos la sala de Bailén y el nuevo comedor de gala, creado al unir tres estancias del palacio[87]. En estas habitaciones se colocaron reediciones de tapices de la colección española, como *Vertumno y Pomona*, que decoraron el comedor con motivo de la boda de Alfonso XII. Esta serie había sido adquirida por Felipe II entre 1561 y 1562, y su presencia en estos espacios rescató su relevancia histórica y estética[88].

---

[86]   Juan Bautista Crooke y Navarrot, *Tapices de la Corona de España*, Madrid, Hauser y Menet, 1903 (en adelante, Crooke 1903).

[87]   José Luis Sancho Gaspar, «Matar al padre, imitar al abuelo. Fernando VII e Isabel II en el Palacio Real de Madrid», en *De reinos a naciones: política e instituciones*, Salamanca, Polifemo, 2021, pp. 158-160 (en adelante, Sancho 2021).

[88]   Sancho 1990, pp. 374-375.

Todo este proceso contribuyó a devolver a la colección de tapicerías de la Corona el reconocimiento que merecía. Si bien este repertorio no es universal, es uno de los más selectos y sobresalientes de su época. Como afirmó Elías Tormo, en comparación con la pintura del Museo del Prado, «nuestra colección de tapicerías es soberbia, selectísima, pero esencialmente incompleta»[89]. Esta relevancia seguiría creciendo a lo largo del tiempo y, años después, la creación del proyecto para el Museo de Carruajes y Tapices, impulsado por Manuel Azaña Díaz (1880-1940), sería un paso más hacia el reconocimiento definitivo de estas piezas [fig. 35]. Este proyecto, que dio lugar a la actual Galería de las Colecciones Reales, fue originalmente concebido como un espacio dedicado a exhibir tapices y carruajes, adaptando su arquitectura para exhibir los paños más grandes de la colección en sus paredes, sin que llegaran a arrastrar por el suelo.

Hoy en día, *Los Pecados Capitales* —tanto los *viejos* como los *nuevos*— siguen siendo piezas emblemáticas de la colección real. A pesar de las pérdidas que han sufrido con el paso de los siglos, estos tapices han llegado al patrimonio colectivo, y hoy se exhiben con todo su esplendor en museos y salas de exposiciones. Su mensaje, que fue tan relevante en la Edad Moderna, aún supone una reflexión sobre los vicios humanos que perdura en nuestra sociedad actual. Los tapices creados por Pieter Coecke van Aelst hace casi 500 años todavía nos cuentan una historia que, aunque distante en el tiempo, continúa siendo relevante y profundamente resonante en el contexto contemporáneo.

---

[89]   Tormo y Sánchez 1919, p. XV.

Ecos del pecado.
Iconografía y representación

TVRGIDA VENTOSOS
PASCITVR AERIO

Fig. 36. Willem Pannemaker (tejedor) según diseño de Pieter Coecke van Aelst, *La Soberbia – Pecados Capitales*, anterior a 1544, tapiz de seda, lana, oro y plata, 459 x 776 cm. Colecciones Reales. Patrimonio Nacional, inv. 10004019. Galería de las Colecciones Reales

Descripción del tapiz que representa *La Soberbia*

La Soberbia, considerada la raíz de todos los vicios, encuentra su contrapunto en la Humildad, virtud clave en la tradición cristiana para alcanzar la salvación. Este pecado se manifiesta en distintos elementos de la escena, comenzando por el imponente paisaje de la ciudad de Babilonia y la torre de Babel, símbolos del orgullo humano y su afán de igualarse a lo divino. En primer plano, aparece el estandarte con el pavo real encabezando la comitiva.

La Soberbia (detalle figura 36)

Detrás, figuras como los reyes bíblicos Sesostris y Nimrod o Aníbal de Cartago personifican la arrogancia castigada por Dios. También le siguen la reina Vasti, expulsada por Asuero. Tras ella, el carro triunfal de la Soberbia, rodeada de trofeos de guerra, avanza sin piedad, arrollando a quienes sucumbieron a este pecado. Entre ellos, Pompeyo Magno y los soberanos Darío el Medo y Yugurta de Numidia. Su presencia refuerza la enseñanza moral: la soberbia conduce a la ruina.

La ciudad de Babilonia
(detalle figura 36)

La torre de Babel
(detalle figura 36)

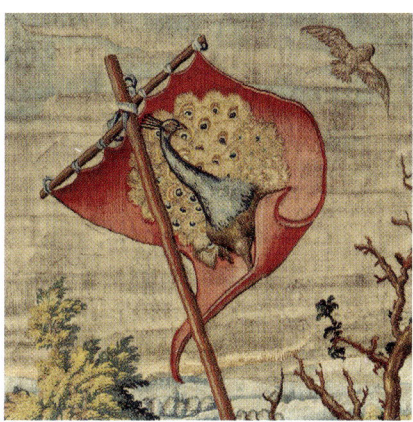

El estandarte con el pavo real
(detalle figura 36)

La Humildad (detalle figura 36)

SEMPER EGET SITIEN[S]
INTER ANHELAT

Fig. 37. Pieter Coecke van Aelst (diseñador), *La Avaricia – Pecados Capitales*, h. 1545, tapiz de seda, lana, oro y plata, 437 x 752 cm. Colecciones Reales. Patrimonio Nacional, inv. 10004065. Galería de las Colecciones Reales

IS CEV TANTALVS VNDIS
PER AVARVS OPES

Descripción del tapiz que representa *La Avaricia*

La Avaricia se expone frente a las ciudades de Siracusa y Delfos, conocidas en la Antigüedad por su riqueza y esplendor. Precisamente, en esta última se desarrolla un suceso concreto que ejemplifica este pecado: el de Dionisio robando las colgaduras del templo de Apolo. Liderada la comitiva por la Codicia, quien porta un estandarte con un topo y monedas de oro, le siguen figuras de reyes y personajes históricos obsesionados con la acumulación de riquezas, como Pigmalión con su estatua de Afrodita, Poliméstor, Curio y Midas, cegados por su deseo de oro y que enfrentaron trágicos destinos.

La Avaricia (detalle figura 37)

Tras ellos, la Avaricia avanza en un carro decorado con monedas y cofres desbordantes de riquezas, rodeado por servidores que luchan por más tesoros, como Giezi, clérigos herejes, la Traición o el Hurto. Los tapices de Pieter Coecke van Aelst no solo ilustran el pecado, sino que también invitan a la reflexión: la codicia consume y destruye, llevándonos a la ruina moral y material, tal y como ha sucedido a muchos de sus vencidos: el general Craso, Polidoro, hijo del rey Príamo o Acerbas, esposo de Dido y rey de Tiro. Sobre toda esta escena, la Liberalidad (o Generosidad) intenta intervenir en la escena sin que nadie note su presencia.

Las ciudades de Siracusa y Delfos
(detalle figura 37)

Las monedas de oro
(detalle figura 37)

El estandarte con el topo
(detalle figura 37)

Liberalidad (Generosidad)
(detalle figura 37)

Fig. 38. Pieter Coecke van Aelst (diseñador), *La Lujuria – Pecados Capitales*, anterior a 1544, tapiz de seda, lana, oro y plata, 459 x 832 cm. Colecciones Reales. Patrimonio Nacional, inv. 10004089. Galería de las Colecciones Reales

CVRA PLACENS. PRÆDVL
HEV VESANA FVREN

Fig. 39. Pieter Coecke van Aelst (diseñador), *La Lujuria – Pecados Capitales*, h. 1545,
tapiz de seda, lana, oro y plata, 433 × 820 cm. Colecciones Reales. Patrimonio Nacional,
inv. 10004066. Galería de las Colecciones Reales

TRISTISQ VOLVPTAS
RA CÆCAT AMOR

Descripción del tapiz que representa *La Lujuria*

Bajo el marco imponente de la ciudad de Roma, la Lujuria se despliega en un desfile encabezado por Venus, con su estandarte con un macho cabrío y dos ruiseñores, y Cupido, ciego, que dispara sus flechas a los integrantes de la comitiva. Entre ellos, aparecen figuras como los amantes trágicos Píramo y Tisbe, símbolos del deseo prohibido. También se localizan Medea, que se encuentra aquí por las consecuencias derivadas de un amor excesivo, Eneas, Paris o Salomón, quien tuvo hasta 700 esposas. Cerca del carro del pecado, tirado por una quimera, se encuentra Hércules, del que dicen que tuvo 50 hijos.

La Lujuria (detalle figura 38)

Bajo el carro se encuentran Sémele, su hijo Baco y Lucrecia. Tras ellos, la Inconsciencia y la Muerte con un reloj de arena en la mano, así como múltiples parejas besándose y en actitud cariñosa. Sobre toda la escena, la Castidad parece intentar no ver lo que está sucediendo abajo. Al fondo, antes de llegar a la ciudad de Roma, un magnífico detalle con el mito de Apolo y Dafne, la cual está a punto de terminar de convertirse en laurel.

La ciudad de Roma
(detalle figura 38)

Cupido disparando ciego
(detalle figura 38)

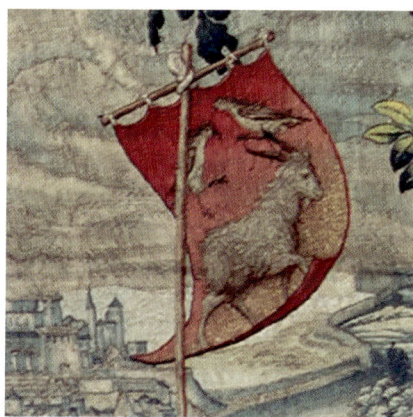

El estandarte con la cabra
(detalle figura 38)

La Castidad (detalle figura 38)

Fig. 40. Pieter Coecke van Aelst (diseñador), *La Envidia – Pecados Capitales*, h. 1545,
tapiz de seda, lana, oro y plata, 435 × 700 cm. Colecciones Reales. Patrimonio Nacional,
inv. 10004088. Galería de las Colecciones Reales

...IS VRIT PRAECORDIA FLAMMIS
...AVSTO SORS ALIENA PEDE

Descripción del tapiz que representa *La Envidia*

Ante la imponente ciudad de Constantinopla, la escena está capitaneada por un caballero con un estandarte en el que se representa un basilisco y Odiseo. Les siguen Caín (hijo de Adán y Eva, primeros hombres de la tierra) y Zoilo (enemigo jurado de Homero). Tras ellos, la escena de David con la cabeza de Goliat ante Saúl y, muy cerca, Jezabel mirándose en un espejo. La Envidia está devorando una corona de laurel, corroída por los logros ajenos, y aplasta con sus ruedas a Abel, hermano de Caín, quien tiene a su lado la quijada con la que lo mató el hijo de Adán y Palamedes, héroe de ingeniosidad proverbial.

La Envidia (detalle figura 40)

En primer plano destaca una pareja de figuras que se miran con recelo y resentimiento, que personifican la arquitectura y la escultura. Detrás de todo este cortejo, las hijas de la Envidia, Furtividad, Fraude y Difamación. Sobre toda esta escena, la Benevolencia mira directamente al pecado, que no se percata de su presencia.

La ciudad de Constantinopla
(detalle figura 40)

Arquitectura frente a Escultura
(detalle figura 40)

El estandarte con el basilisco
(detalle figura 40)

Castidad (Benevolencia)
(detalle figura 40)

Fig. 41. Willem de Pannemaker (tejedor) según diseño de Pieter Coecke van Aelst, *La Gula – Pecados Capitales*, anterior a 1544, tapiz de seda, lana, oro y plata, 460 x 826 cm. Colecciones Reales. Patrimonio Nacional, inv. 10004090. Galería de las Colecciones Reales

PATRIMONIA CROESI
TA BARATRA GVLAE·

SINT CONGESTA LICET
IMMENSÆ ABSVMVN

Fig. 42. Pieter Coecke van Aelst (diseñador), *La Gula – Pecados Capitales*, h. 1545,
tapiz de seda, lana, oro y plata, 429 x 815 cm. Colecciones Reales. Patrimonio Nacional,
inv. 10004068. Galería de las Colecciones Reales

PATRIMONIA CROESI
BARATHRA GVLÆ,

Descripción del tapiz que representa *La Gula*

Ante la ciudad de Betulia, este tapiz ilustra el impacto de la falta de control sobre los deseos y cómo el exceso puede conducir al deterioro físico y moral. La Gula se encarna en una figura de rostro hinchado que devora sin medida, rodeada de cocineros, taberneros y músicos que celebran la opulencia desbordada. El carro triunfal avanza tirado por arpías, criaturas asociadas con la seducción de los sentidos. Estas tienen su propio nombre y sus características: Aello roba los bienes de otros, Ocypete hurta sin ser vista y Celaeno codicia el botín ajeno. La comitiva está encabezada por Baco, con su estandarte, en el que se aprecian dos animales asociados a la voracidad: el erizo y el azor. Este tiene su cabeza cubierta de pámpanos y, detrás de él, Sileno, con un tocado similar, mira al espectador. Entre ellos, Cleopatra y Marco Antonio.

La Gula (detalle figura 41)

Tras este primer grupo, un segundo con Thais, compañera de Alejandro Magno y éste domando al gran Bucéfalo, que está dando una coz. A continuación, en primer término, la sibila Judith, cabalgando un caballo al revés y que fue la encargada de cortar la cabeza de Holofernes, cuyo banquete se ve al fondo del tapiz cerca de ella. Al otro lado, el momento de la decapitación tras este primer grupo. Bajo una tienda de campaña, un hombre dirige su mirada al espectador: se cree que es un autorretrato de Pieter Coecke. Sobrevolando la escena, la Templanza, en una clara postura de rechazo ante lo que ve.

La ciudad de Betulia
(detalle figura 41)

El Baco Sileno
(detalle figura 41)

El estandarte con el erizo y el azor
(detalle figura 41)

La Templanza (detalle figura 41)

Fig. 43. Pieter Coecke van Aelst (diseñador), *La Ira – Pecados Capitales*, h. 1545, tapiz de seda, lana, oro y plata, 435 x 750 cm. Colecciones Reales. Patrimonio Nacional, inv. 10004067. Galería de las Colecciones Reales

Descripción del tapiz que representa *La Ira*

La Ira se despliega en una escena caótica frente a la ciudad de Jerusalén. Al fondo, Falaris, tirano de Sicilia, se encuentra junto al toro de bronce con el que torturaba a sus víctimas. La comitiva está encabezada por el Furor, con un león rampante en su estandarte, y la continúan Medea, Altea y Nerón, quienes encarnan la furia y la violencia desmedidas, destruyendo todo a su paso. Tras ellos, la romana Tulia, hija de Servio Tulio, quien incitó a sus cuñados a matar a sus mujeres para ser ella la única.

La Ira (detalle figura 43)

Detrás, el carro de la Ira arrastrado por una manticora y engalanado con arpías e instrumentos de tortura. A sus pies, personajes como el rey Príamo, su hija Ifigenia, Meleagro o Apsirto, príncipe de Cólquida. La comitiva la cierran las furias: Alecto, Megara y Tisífone, totalmente enloquecidas. La presencia de armas y fuego refuerza la idea de la Ira como una fuerza descontrolada. En la parte superior, la Mansedumbre mira fijamente a la Ira, en una especie de enfrentamiento visual de las dos personificaciones.

La ciudad de Jerusalén
(detalle figura 43)

Furia en el infierno
(detalle figura 43)

El estandarte con el león
(detalle figura 43)

La Mansedumbre (detalle figura 43)

CORRVMPVNT FORTI C
OCIA PLVMOSO D

Fig. 44. Willem de Pannemaker (tejedor) según diseño de Pieter Coecke van Aelst,
La Pereza – Pecados Capitales, anterior a 1544, tapiz de seda, lana, oro y plata, 441 × 665 cm.
Colecciones Reales. Patrimonio Nacional, inv. 10004091. Galería de las Colecciones Reales

CORRVMPVNT FORTI CE
OCIA PLVMOSO

Fig. 45. Pieter Coecke van Aelst (diseñador), *La Pereza – Pecados Capitales*, h. 1545, tapiz de seda, lana, oro y plata, 427 x 668 cm. Colecciones Reales. Patrimonio Nacional, inv. 10005095. Galería de las Colecciones Reales

Descripción del tapiz que representa *La Pereza*

Bajo la sombra de la ciudad de Nínive, símbolo de la decadencia causada por la inacción, la Pereza se manifiesta en una figura de gesto apagado, sin peinar, de párpados pesados y cuerpo lánguido, cuyo carro es arrastrado por burros, emblema de la indolencia. La comitiva la abre el Sueño, quien está a punto de caerse de su caballo, portando a duras penas su estandarte con un caracol. Tras él, dos personajes en primer plano que se interpretan como Aristóteles y Alejandro Magno, ya que el filósofo ayudó al príncipe a liberarse de su vida ociosa y abandonada.

La Pereza (detalle figura 44)

Detrás de ellos, otras figuras que no terminan de identificarse de forma concreta, como tampoco se identifican los cuerpos que quedan bajo las ruedas del carro. Cierran la comitiva las hijas de la Pereza: Pusilanimidad y Desesperación, y un hombre vestido con armadura que representa la Cobardía. Al fondo de esta escena se puede ver a Sardanápalo, último rey de Asiria, sobre su rueca, en alusión a que prefería hacer este tipo de labores que las propias de su cargo. Sobre esta escena, la Diligencia, cuyas ropas se mueven vigorosamente en oposición a la totalidad de la escena de la parte inferior.

La ciudad de Nínive
(detalle figura 44)

Burros tirando de carroza
(detalle figura 44)

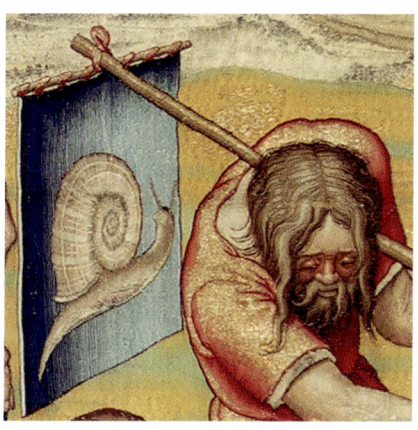

El estandarte con el caracol
(detalle figura 44)

La Diligencia (detalle figura 44)

Tabla de concordancias de las series[*]

MARÍA DE HUNGRÍA (1505-1558) – GOBERNADORA DE LOS PAÍSES BAJOS: 1531-1555		
Inventario postmórtem de María de Hungría, 1558, fols. 125r y 125v	Serie 22	Yten ynventario siete paños de tapiçeria rrica, de oro y seda, de la historia de los siete pecados mortales, que tiene cada paño seys anas e vna quarta de cayda, los quales tobieron las anas siguientes. El primero paño, de la soberuya, tubo sesenta e nueve anas. Yten se mydio otro paño, de la luxuria, que tubo setenta y seis anas e dos quartas de ana. Yten se mydio otro paño, de la yra, que tobo sesenta e nuebe anas. Yten otro paño, de la gula, que tubo setenta e dos anas. Yten otro paño, de la ynbidia, tobo sesenta e dos anas e dos quartas. Va testado a la antigua y entre rrenglones espantado. (rúbrica) Yten otro paño, de la perereça (sic), que (tachado: tobo) se mydio e tubo sesenta anas. Ytem otro paño, de la abariçia, que se mydio e touo sesenta e nueve anas.
JUANA DE AUSTRIA (1535-1573) – REGENTE DE ESPAÑA: 1554-1559		
Inventario postmórtem de María de Hungría, 1558, p. 1; fol. 125r	Serie 22	Ynbentario de los bienes que quedaron de la seresinima reyna de Vngria y Bohemya. Esta dentro tresslado de vna çedula de su magesttad para que se entreguen estos bienes a la serenisima doña Juana, princesa de Portugal, o a la persona que ella nombrare para los tener en deposito de que ay resulta en el libro de cargos de la letra y y. [...] Yten ynventario siete paños de tapiçeria rrica, de oro y seda, de la historia de los siete pecados mortales, que tiene cada paño seys anas e vna quarta de cayda, los quales tobieron las anas siguientes.
FELIPE II (1527-1598) – REINADO: 1556-1598		
Inventario de Tapicería del Rey D. Felipe II. Cargos contra diferentes personas: 18 marzo 1621, fol. 104r	Serie 21	Idem recibio afimermo siete panos nuebos de oro playa y seda y lana de los siete Pecados mortales que tienen 487 anas tassadas a nueve ducados cada Ana que montan iqa6430 seis ---- y medio que aquí se le cargan

[*] Esta transcripción ha sido realizada por María Domingo Cárdenas, a quien agradezco su colaboración y dedicación.

Inventario de Tapicería del Rey D. Felipe II. Cargos contra diferentes personas: 18 marzo 1621, fol. 103v	Serie 22	Idem reciuio mas el dicho Francisco de Torres siete panos de tapiceria de oro plata seda y lana tenia quatrocientas y setenta y ocho anas de la istoria de los siete pecados mortales tassada a diez y seis ducados cada Ana que monta siete mill seiscientas y quarenta y ocho ducados

FELIPE III (1578-1621) – REINADO: 1598-1621

Juan Yañez, *Memorias para la historia de Don Felipe III, rey de España*, Madrid, Nicolás Rodriguez Franco, 1723, pp. 356-357	Tapices en general	[...] que el Principe mi Hijo [...] y que es mi voluntad; y assi lo mando se le dén libremente un Diamante rico, que mi Padre me dexó, por su Testamento, y todas las Tapicerias, que Yo dexare [...].

FELIPE IV (1605-1665) – REINADO: 1621-1665

Inventario y tasación de las joyas y bienes de la reina Isabel de Borbón, 1647, fols. 8r y 8v	Serie 21	Mas se pone por inbentario y tasaz^{on} otra tapizeria de oro plata seda y lana q son los nuebos de seis anas y media de caida q el numero primero corre de largo onze anas tiene setenta y un anas y media Numero dos corre onze anas de largo son setenta y un anas Numero tres corre doze anas menos una ochava de largo tiene sesenta y siete anas y una quarta Numero quatro corre onze anas tiene setenta y una Numero cinco corre diez anas menos una ochava tiene setenta y siete anas y una quarta Numero seis corre diez anas menos ochava tiene setenta y quatro [fol. 8v] anas menos una quarta y una quarta Numero sietae y ultimo de esta tapizeria corre diez anas menos una ochava de largo tiene sesentay quatro anas y quarta y toda ella qua trezientas y noventa y nueve diez y seis anas y media forrada como las demas q a setecientos Reales el ana Monta trezientos y sesenta y un mill quinientos y cinquenta Reales 361 550
Inventario y tasación de las joyas y bienes de la reina Isabel de Borbón, 1647, fols. 15v y 16r	Serie 22	Otra tapizeria de oro plata seda y lana de siete paños de los siete pecados mortales q llaman biejos q tiene cada uno seis anas De caida y son los que servían en casa de la Reyna Nuestra Señora que el Primero corre diez anas y tres quartas de largo y tiene sesenta y quatro anas y media Numero dos corre onze anas tiene sesenta y seis Numero tres corre doze anas tiene sesenta y dos Numero quatro corre onze anas y una quarta tiene sesenta y siete anas y media Numero cinco corre de largo diez anas tiene sesenta y dos anas Numero seis corre diez anas tiene sesenta Numero siete y ultimo de esta tapizeria corre nueve anas y dos terzias tiene zinquenta y ocho anas y todos siete quatrocientas y sesenta anas forrados y con sus tiras de lienzo y cinchas q A quatrocientos R^{s} de Vellon cada ana Montan ciento y ochenta y quatro mill R^{s} 184 000

Inventario (incompleto) y tasación de la tapicería que dejó el Rey Don Felipe IV en 1666	Serie 21	Otra tapicería de oro plata seda y lana que son los nuebos de seis anas y media de caída El numero primero corre de largo onze anas tiene setenta y un anas y media Numero dos corre onze anas de largo son setenta y un anas Numero tres corre doce anas menos una ochaua de largo tiene setenta y siete anas y una quarta Numero quarto corre onze anas tiene setenta y una Numero cinco corre diez anas menos una ochaua tiene setenta y siete anas y una quarta Numero seis corre diez anas menos ochaua tiene setenta y quatro Numero siete ultimo desta tapyceria corre de largo seis anas y media tiene treinta y dos anas y media
Inventario (incompleto) y tasación de la tapicería que dejó el Rey Don Felipe IV en 1666	Serie 22	Otra tapyceria de oro plata seda y lana de siete panos de los siete pecados mortales q llaman biejos q tienen cada una seis anas. De caida son las que servian en casa de la reyna nuestra señora que el primero corre diez anas y tres quartas de largo y tiene sesenta y quatro anas y media Numero dos corre onze anas tiene sesenta y seis Numero tres corre doce anas tiene sesenta y dos Numero quatro corre onze anas y una quarta tiene sesenta y siete anas y media Numero cinco corre de largo doce anas tiene sesenta y dos anas Numero seis corre diez anas tiene sesenta Numero siete y ultimo de esta tapyceria corre nueve anas y dos tercias y cinquenta y ocho anas

CARLOS II (1661-1700) – REINADO: 1665-1700

Inventario de Carlos II, 1701-1703	Serie 21	13 Los siette pecados mortales Siette paños. Yttem Ottra tapizeria de los Siette pecados morttales que son siette paños de Oro platta Seda y lana que son los nuebos que el primero numero Uno Corre de largo honze anas y de Caida seis anas Y media que hazen Settentta y Una anas y media = Numero dos corre onze anas escasas de largo y seis y media de caida que son settentta Y Una anas = numero tres corre doce anas menos Una ochaua de largo Y es de la misma Caida y tiene settentta Y siette anas y Una quartta = Numero quattro Corre onze anas de largo y la misma Caida que hazen Settentta y Vna anas = Numero Cinco Corre doce anas menos Una ochaua de largo Y la misma Caida tiene Settentta y Siette anas y Una quarta = Numero Seis Corre diez anas menos Ochaua de largo Y la misma Caida tiene Sesentta Y quatro anas y Una quarta = numero Siette y Vltimo de dicha tapizeria Corre diez anas menos Una ochaua de largo de la dicha Caida, tiene Sesentta Y quattro anas y quarta Y ttoda ella quattrogienttos Y nouentta Y nuebe anas y media ttodos forrados Con sus fajas y Zinchas y lienzos de dos anchos tasado por los dichos Rettupidores a ocho doblones el ana hazen tres mili nuebegienttos y nouentta Y Seis doblones 3996

Inventario de Carlos II, 1701-1703	Serie 22	30 Siette paños de los pecados Mortales Uiejos. Yttem Ottra tapizeria de oro platta Seda Y lana de siette paños de los siete pecados que llaman Uiejos que ttiene Cada Vno Seis anas de Caida y son las que Seruian en la Cassa de la Reina nuesttra señora que el primero Corre diez anas y ttres quartas de largo Y tiene Sesentta Y quatro anas y media = numero dos corre Onze anas tiene Sesentta y Seis anas = numero tres corre doze anas y tiene Settenta y dos anas = numero quattro Corre onze anas y Una quartta tiene Sesentta y Siete anas y media = Numero Zinco Corre de largo doze anas y tiene Settentta Y dos anas = numero Seis corre diez anas y tiene sesenta anas = numero Siette y Vltimo de dicha tapizeria Corre nuebe anas y dos tercias y tiene Cinquentta Y ocho anas: Y todos Siette quatrocienttas y sesentta anas tasado por los dichos rettupidores a quatro doblones el ana que hazen 1840

FELIPE V (1683-1746) – REINADO: 1700-1724 y 1724-1746

Testamentaría del rey Felipe V, 1746, t. II, fols. 46v-47v	Serie 21	12 Los 7 Pecados mortales.... Otra tapizeria de los siete pecados mortales, que llaman los nuevos tiene siete paños de oro plata seda y lana = el primero corre onze annas y de caida seis annas y media que hazen settenta y una annas y media = el segundo corre onze annas en varas y seis y media de caida tiene settenta y una annas = el tercero corre onze annas menos una ochaua y es dela misma caida tiene settenta y siete annas y una quarta = el quartto corre onze annas y dela misma caída tiene setenta y una annas = el quinto corre onze annas menos una ochaua tiene la misma caida y se compone de setenta y siete annas y una quartta = el sexto corre diez annas menos ochaua y la misma caída tiene settentta y quattro annas y una quartta = el séptimo ochaua la tapizería comprehende la misma que la anterior y toda ella quatrocienttos y noventa y nueve annas y media producida toda con sus varas cinchas y lienzos todos anchos que al numero treze del expresado Imbenttario se hallanta a dar a ocho Doblones el anna hazen tres mil novecienttos y noventa y seis Doblones 30996
Testamentaría del rey Felipe V, 1746, t. II, fols. 57r-58r	Serie 22	29 Pecados mortales 7 Paños .... Una tapizeria de oro plata seda y lana de los 7 Pecados mortales que llamaran viejos tiene siete panos de a seis annas de caida = el Primero corre diez annas y ttres quarttas tiene sesenta y quattro y media = el segundo corre onze annas tiene sesenta y seis = el tercero corre doce annas tiene settentta y dos = el quartto corre onze annas y quarta tiene sesenta y siete y media = el quinto corre doce annas tiene settentta y dos = el sexto corre diez annas tiene sesentta = y el quintto digo septimo corre nueve annas y dos tercias tiene cinquenta y ocho, y todos siette quatrocienttas, y sesenta annas tasados en dicho Imbentario antiguo a quattro Doblones la anna hazen un mil ochocienttos y quarentta Doblones 1081

FERNANDO VI (1713-1759) – REINADO: 1746-1759		
Inventario general de los muebles y objetos del Real Oficio de Tapicería del año 1751, fols. 4v y 7v	Serie 21	n.º 12 Los siete Pecados mortales nuebos 7 Paños Mas otra tapiceria de los siete Pecados mortales de oro plata seda y lana qᵉ son los nuebos que se compone de siete paños de seis Anas y media de cayda y de corrida todos ellos quatrocientas y noventa y nueve Anas y media 51
	Serie 22	n.º 29 Los Pecados mortales viexos 7 Paños Mas ptra tapoceria de oro, plata, seda y lana de los Pecados mortales viejos que tienen siete paños y cada uno seis Anas de cayda y todos quatrocientas sesenta anas, de corrida 454
CARLOS III (1716-1788) – REINADO: 1759-1788		
Inventario de Carlos III, 1788, t. III, fols. 228-229	Serie 21	1591: Yd: siete paños, conocidos en el Oficio por el nombre de Pecados Nuevos, tegidos con ylo de oro aunque en corta porcion, su estofa entrefina algo desmayados de colorido, hechos en Bruselas, miden de corrida setenta y seis Anas y media, por seis y media, q.ᵉ en quadro hacen quatrocientas nobenta y seis Anas y quatro palmos, que al respecto de ciento quarenta r.r.ˢ importan 69615
Inventario de Carlos III, 1788, t. III, fols. 228-228v	Serie 22	1590 Yd: siete paños, representan los siete vicios, conocidos en el Oficio por Pecados Viejos, su estofa fina, tegidos con ylo de oro, plata, seda y estambre, de buen dibujo y gran colorido, miden de corrida setenta y seis Anas y diez palmos, que a razon de ciento y sesenta r.r.ˢ cada uno importan 79300
CARLOS IV (1748-1819) – REINADO: 1788-1808 / REINADO JOSÉ I BONAPARTE: 1808-1813		
Inventario general de los efectos existentes en el R.ˡ Oficio de la tapicería, al cargo de D.ⁿ Joaquin Albarez, que dió principio en 9 de agosto de 1815 y quedó suspenso en 18 de abril de 1816	Serie 21	N.º 198 ... Cuatro paños conocidos por pecados viejos, y representan los pecados mortales, fabricados en Flandes con oro seda y estambre, y en su cenefa de arriba tienen una targeta azul con letra de oro, bastante maltratadas; miden todos de corrida 45 ½, anas 6 ½, de caida cada uno.
	Serie 22	N.º 196 ... Seis paños conocidos en el oficio por pecados nuevos, q.ᵉ representan los siete pecados mortales, fabricados en Flandes, con oro, seda y estambre, desgastados y descoloridos, miden de corrida los seis 66 ¼ anas, por 6 ¼ de caida cada uno.
FERNANDO VII (1784-1833) – REINADO: MARZO-MAYO 1808 y 1814-1833		
Inventario de Fernando VII, 1834, t. I, fol. 201v	Serie 21 y 22	Yd. Diez paños que representan los pecados capitales, fabricados en flandes, de estofa entrefinas, color desmayado y tejidos con oro, conocidos en el oficio los unos por pecados nuevos y los otros por pecados biejos, miden de corrida los diez 90 varas, y de caída cada una 5 ¼ que hacen en cuadro 472 ½ varas que a 180 rˢ. vara importan 85050

ISABEL II (1830-1904) – REINADO: 1833-1868		
Ynventario de los muebles y efectos existentes en las diferentes dependencias y localidades de este Real Palacio, formado por el Alcaide principal del mismo en cumplimiento de Real Orden fecha 1 de febrero de 1849	Serie 21 y 22	Armario n.º 4 555. Diez paños, Pecados capitales, tejidos con hilo de oro

ALFONSO XII (1857-1885) – REINADO: 1874-1885		
Ynventario de tapiceria de 1875 y bajas del mismo	Serie 21 y 22	Armario numero tres 15 – Diez paños tejidos de hilo de plata dorada que representan los pecados capitales
Ynventario de tapices y relacion de bajas en el deposito de los mismos, 1875	Serie 21	15 Pecados Capitales (viejos) Tapiceria n.º 21 Los Pecados capitales; seis paños de oro, plata, seda y lana, 1° = «La Avaricia» 4,27 x 7,39 = 2° = «La Lujuria» 4,43 x 8,15 3° = «La Yra» 4,26 x 7,62 = 4°. «La Gula» 4,23 x 8,10 = 5° = «La Envidia» 4, 25 x 6, 97 6° = «La Pereza» 4.17 x 6,56
	Serie 22	15 Pecados capitales (nuevos) Tapiceria n.º = 22 Los Pecados Capitales; cuatro paños oro, plata seda y lana, 1° = «La Soberbia» 4,41 x 7,48 = 2^oa = «La Lujuria» 4, 33 x 8,17 = 3° = «La Gula» 4,50 x 8,10 = 4° = «La Pereza» 4,41 x 6,65

ALFONSO XIII (1886-1941) – REINADO: 1886-1931		
Inventario de los objetos seleccionados por el Consejo de Administración del Patrimonio de la República que han quedado custodiados en el Palacio Real de Madrid con motivo de la revisión de cajones que contenían los efectos, 1931	Tapices en general	Comunico a Vd. Que los tapices y alfombras que fueron del Patrimonio se encuentran en la siguiente situación: Los tapices se hallan guardados en el deposito del piso bajo del Palacio de la Plaza de Oriente, donde podrán permanecer, sin sacarlos para su limpieza, unos tres meses.

II REPÚBLICA (1931-1939)		
Inventario para el Catálogo del año 1936. Índice alfabético de los tapices propiedad del Patrimonio de la República, con arreglo al Inventario del año 1880, p. 7	Serie 21	PECADOS CAPITALES (Los..) (Viejos) – siglo XVI – 6 paños en oro, plata, seda y lana – Inventario del año 1880 – Número del Catálogo Gral. 127 a 132.
	Serie 22	PECADOS CAPITALES (Nuevos) – siglo XVI – 4 paños en oro, plata, seda y lana. Inventario del año 1880 – Número del Catálogo General. 133 a 136.
BIENES DE PATRIMONIO NACIONAL. JUAN CARLOS I (1938-ACT.) – REINADO: 1975-2014 y FELIPE VI (1968-ACT.) – REINADO: 2014-ACT.		
Situación de los tapices que forman las colecciones del Patrimonio Nacional y existentes en Madrid, al hacerse cargo de ellos el nuevo Director de la Real Fábrica de Tapices, Don Gabino Stuyck San Martín, nombrado para dicho cargo por acuerdo del Consejo, de 29 de septiembre de 1942	Serie 21	Tapicería nº 21 – siglo XVI – LOS PECADOS CAPITALES 6 paños de oro, plata, seda y lana
	Serie 22	Tapicería nº 22 – siglo XVI – LOS PECADOS CAPITALES 4 paños de oro, plata, seda y lana

Bibliografía

AGP, «Registros de la Orden del Toisón de Oro», Libros y Registros, 7004, h. 1481-1573, vol. II, fols. 502-539.

Vicente Álvarez, *Relación del camino y buen biaje que hizo el Príncipe de España don Phelipe*, s.l., s.i., 1551.

Jesús Álvarez Gómez, *Historia de la Iglesia. I: Edad Antigua*, Madrid, Biblioteca de Autores Cristianos (BAC), 2001.

Edith Appleton Standen, *European Post-Medieval Tapestries and Related Hangings in the Metropolitan Museum of Art*, Nueva York, The Metropolitan Museum of Art, 1985, vol. 1.

Rotraud Bauer, *Tapisserien der Renaissance nach Entwürfen von Pieter Coecke van Aelst. Ausstellung im Schloss Halbturn* [cat. exp. Halbturn, Castillo de Halbturn, del 15 de mayo al 26 de octubre de 1981], Halbturn, Amt der Burgenländischen Landesregierung, 1981.

David P. Becker (dir.), *Old Master Drawings at Bowdoin College* [cat. exp, Brunswick, Bowdoin College Museum of Art, 1985-1986], Brunswick, Bowdoin College, 1985.

Elena Bellido Pérez, «El patronazgo como estrategia propagandística en los Habsburgo: las intenciones de poder de María de Hungría a través del arte», *María de Hungría y Juana de Austria: el patronazgo artístico femenino en las cortes del Renacimiento en Europa*, Murcia, Ediciones Tres Fronteras, 2020, pp. 67-88.

Olga Belmonte García, «Claves para recorrer *Ser y tiempo* de Martin Heidegger», *Razón y Fe*, 265, 1363-1364 (2012), pp. 377-390.

Pilar Benito García, «La decoración textil del Palacio Real de Madrid en tiempos de Alfonso XII», *Goya* (2000), pp. 279-293.

Carmen Bernabé (ed.), *Los rostros de Dios. Imágenes y experiencias de lo divino en la Biblia*, Estella, Verbo Divino, 2013.

Iain Buchanan, «Designers, Weavers and Entrepreneurs: Sixteenth-Century Flemish Tapestries in the Patrimonio Nacional», *The Burlington Magazine*, 134, 1071 (1992), p. 382.

Iain Buchanan, «The Tapestry Collection of Mary of Hungary», *Marie de Hongrie: Politique et culture sous la renaissance aux Pays-Bas; Actes du colloque tenu au Musee Royal de Mariemont les 11 et 12 novembre 2005*, Mariemont, Monographies du Musée Royal de Mariemont, 17, 2008, pp. 146 y 152.

San Buenaventura, «Parte III. De la corrupción y el pecado. Capítulo IX», *Breviloquium*, Madrid, Biblioteca de Autores Cristianos, 1945.

Albert F. Calvert, *The Spanish Royal Tapestries*, Londres, John Lane, 1921, pp. 53-54.

Juan Cristóbal Calvete de Estrella, *El felicissimo viaie del muy alto y muy Poderoso Principe Don Phelippe, Hijo del Emperador Don Carlos Quinto Maximo, desde España a sus tierras dela baxa Alemaña: con la descripcion de todos los Estados de Brabante y Flandes*, Amberes, Martin Nucio, 1552.

Thomas P. Campbell (dir.), *Tapestry in the Renaissance: Art and Magnificence* [cat. exp. Nueva York, The Metropolitan Museum of Art, 2002], Nueva York, The Metropolitan Museum of Art, 2002.

Thomas P. Campbell, *Henry VIII and the Art of Majesty: Tapestries at the Tudor Court*, New Haven, Paul Mellon Centre for Studies in British Art de Yale University Press, 2007.

Marta Carrasco Ferrer, «La iconografía mitológica en el Palacio de Binche bajo María de Hungría», *Anales de Historia del Arte* (2011), pp. 69-91.

Carlos Castilla del Pino, *La culpa*, Madrid, Alianza Editorial, 1973.

Fernando Checa Cremades (dir.), *Tesoros de la Corona de España*, Madrid, Fons Mercator, 2010.

Elizabeth Cleland (ed.), *Grand Design Pieter Coecke van Aelst and Renaissance Tapestry*, Nueva York, The Metropolitan Museum of Art, 2014.

Elizabeth Cleland, «Rogier van der Weyden and other red herrings: the quest for designers' self-portraits in renaissance tapestries», en Philippe Bordes y Pascal-François Bertrand (eds.), *Portrait and Tapestry*, Leuven, Brepols, 2015.

Juan Bautista Crooke y Navarrot, *Tapices de la Corona de España*, Madrid, Hauser y Menet, 1903.

Jean Delimeau, *El miedo en Occidente*, Madrid, Taurus, 2012.

Guy Delmarcel, «Le roi Philippe II d'Espagne et la tapisserie: L'inventaire de Madrid de 1598», *Gazette des Beaux-Arts*, 6, 134 (1999a), pp. 154, 163 y 169.

Guy Delmarcel, *Flemish Tapestry from the 15th to the 18th Century,* Tielt, Lannoo Uitgeverij, 1999b.

Julia Enxing, *Culpa y pecado de [en] la Iglesia. Una investigación en perspectiva teológica,* Salamanca, Sígueme, 2023.

Exposición Histórico-Europea 1892 a 1893: Catálogo general (correcciones y adiciones), Madrid, Establecimiento tipográfico de Fortanet, 1893, sala IV, n.º 596.

María del Rosario Falcó y Osorio, *Documentos escogidos del Archivo de la Casa de Alba,* Madrid, Impr. de M. Tello, 1891.

Fernando Fernández-Miranda y Lozana, *Inventarios Reales. Carlos III 1789,* Madrid, Patrimonio Nacional, 1789, vol. III.

Max Friedländer, «Pieter Coecke van Alost», *Jahrbuch der Königlich Preussischen Kunstsammlungen,* 38 (1917), pp. 88-91.

Noelia García Pérez, «Mary of Hungary, Patron and Collector, from Political to Cultural History: The State of the Question», en *Mary of Hungary. Renaissance Patron and Collector Gender, Art and Culture,* Turnhout, Brepols, 2020, pp. 79-95.

Noelia García Pérez y Melania Soler Moratón, *María de Hungría y Juana de Austria,* Murcia, Tres Fronteras Ediciones, 2020.

Heinrich Göbel, *Wandteppiche. Pt. 1, Die Niederlande,* Leipzig, Klinkhardt & Biermann, 1923, vol. 1.

José Gómez Caffarena, «Sobre el mal radical: ensayo de la heterodoxia kantiana», *Isegoría,* 30 (2004), pp. 41-54.

Carlos Gómez-Centurión Jiménez, «El felicísimo viaje del príncipe don Felipe, 1548-1555», en *Felipe II. Un monarca y su época. La monarquía hispánica,* Madrid, Sociedad Estatal para la Conmemoración de los Centenarios de Felipe II y Carlos V, 1998, pp. 81-95.

San Gregorio Magno, *Moralia in Job,* Sevilla, Jacobo Cromberger, 1527, Libro XXXI.

Jules Guiffrey, *Histoire générale des arts appliqués à l'industrie du Ve à la fin du XVIIIe siècle. Les tapisseries du XIIe à la fin du XVIe siècle,* París, Librairie Centrale des Beaux-Arts, 1911, vol. 6.

Egbert Haverkamp-Begemann y Anne-Marie S. Logan, *European Drawings and Watercolors in the Yale University Art Gallery, 1500-1900,* New Haven, publicado por Yale University Art Gallery de Yale University Press, 1970, vol. I.

Concha Herrero Carretero, *Catálogo de tapices del Patrimonio Nacional III,* Madrid, Patrimonio Nacional, 2000.

Concha Herrero Carretero, *Tapices de Rafael para la Corona de España,* Madrid, Patrimonio Nacional, 2020.

Dirk Imhof, «The dissemination of grotesque prints through the Plantin Press», en Marijke Hellemans (ed.), *Grotesques. Fantasy portrayed* [cat. exp. Amberes, Museo Plantin-Moretus], Bélgica, BAI, 2019.

Gustaaf Janssens, *Les comtes d'Egmont et de Hornes. Victimes de la répression politique aux Pays-Bas espagnols,* Bruselas, Musée de la Ville de Bruxelles, 2003.

Paulina Junquera de Vega y Concha Herrero Carretero, *Catálogo de tapices del Patrimonio Nacional, siglo XVI,* Madrid, Patrimonio Nacional, 1986, vol. I, pp. 150-154.

Franz Kafka, *Consideraciones acerca del pecado, el dolor, la esperanza y el camino verdadero,* México, Fontamara, 2009.

Thomas Kren y Scot McKendrick (ed.), *The renaissance. The triumph of Flemish manuscript painting in Europe,* Los Ángeles, J. Paul Getty Trust, 2003.

Anne-Sophie Laruelle, «A new perspective on Mary of Hungary's: Labours of Hercules Tapestries (Patrimonio Nacional, serie 23)», en *Mary of Hungary. Renaissance Patron and Collector Gender, Art and Culture,* Turnhout, Brepols, 2020, pp. 123-134.

Karel van Mander, *Het Schilder-Boeck,* Haarlem, Paschier van Wesbusch, 1604.

Georges Marlier, *La Renaissance flamande: Pierre Coeck d'Alost,* Bruselas, Robert Finck, 1966.

Juan Martín Velasco, *El malestar religioso de nuestra cultura,* Madrid, Ediciones Paulinas, 1993.

Gloria Martínez Leiva, *Mariana de Neoburgo, última reina de los Austrias. Vida y legado artístico,* Madrid, CEEH, 2020.

Cruz María Martínez Marín, «La influencia literaria en el arte desplegado en el Palacio de Binche», en *María de Hungría y Juana de Austria: el patronazgo artístico femenino en las cortes del Renacimiento en Europa,* Murcia, Ediciones Tres Fronteras, 2020, pp. 43-65.

Juan Antonio Mayoral López, *Los rostros de Dios en la Biblia,* Madrid, Biblioteca de Autores Cristianos (BAC), 2012.

Gaston Mingeon. *Les arts du tissu,* París, H. Laurens, 1909.

Eugène Müntz, «Tapisseries allégoriques inédites ou peu connues», *Monuments et Memoires de la Fondation Eugene Piot*, 9, 1 (1902), pp. 103-104.

David Nogales Rincón, «Los espejos de príncipes en Castilla (siglos XIII-XV): un modelo literario de la realeza bajomedieval», *Medievalismo*, 16 (2006), pp. 9-39.

Ignacio Núñez de Castro, *El rostro de Dios en la era de la biología*, Maliaño, Sal Terrae, 1996.

Francisco Ollero Lobato, «Entre Amor y Marte. El carro triunfal durante los reinados de Carlos IV y Fernando VII», *Potestas: Religión, poder y monarquía. Revista del Grupo Europeo de Investigación Histórica*, 17 (2020), pp. 133-171.

Ovidio, *Metamorfosis,* Madrid, Austral, 2000, Libro VII, p. 20.

Willem de Pannemaker y Pieter Coecke van Aelst, *Miscelánea*, París, Galliot Du Pré, 1545-1553. Biblioteca Nacional de España, Madrid, Ms. 6015.

Almudena Pérez Tudela, «The Third Duke of Alba: Collector and Patron of the Arts», en *Alba: general and servant to the crown*, Zutphen, Karwansaray Publishers, 2013, pp. 169-191.

Almudena Pérez Tudela, *Los inventarios de doña Juana de Austria, princesa de Portugal (1535-1573)*, Jaén, Universidad de Jaén, UJA Editorial, 2017.

Louis Reau, *Iconografía del arte cristiano. Vol. 1: Introducción general*, Barcelona, Ediciones del Serbal, 1955-1959.

José María Rodríguez Olaizola, «Los 7 pecados capitales», *Pastoralsj*, disponible en https://pastoralsj.org/etiqueta/serie-7-pecados-capitales/ [consulta: 18 de noviembre de 2024].

María José Rodríguez-Salgado, «Challenging Images: Charles V's Relationship with Art, Artists and Festivities», en *Mary of Hungary. Renaissance Patron and Collector Gender, Art and Culture*, Turnhout, Brepols, 2020, pp. 23-41.

María Teresa Ruiz Alcón (coord.), *Colecciones reales del Patrimonio Nacional,* Barcelona, Lunwerg, 1986.

Jesús Sánchez Herrero, *Historia de la Iglesia. II: Edad Media,* Madrid, Biblioteca de Autores Cristianos (BAC), 2023.

José Luis Sancho, «La imagen alfonsina del Palacio Real de Madrid», *Espacio, tiempo y forma. Serie VII, Historia del Arte*, 3 (1990), pp. 365-392.

José Luis Sancho Gaspar, «Matar al padre, imitar al abuelo. Fernando VII e Isabel II en el Palacio Real de Madrid», en *De reinos a naciones: política e instituciones*, Salamanca, Polifemo, 2021, pp. 141-187.

Jean-Paul Sartre, *El existencialismo es un humanismo,* Madrid, Edhasa, 2004.

Katja Schmitz-von Ledebur, *Raphael Revolution in Tapestry Design,* Viena, Hannibal, 2023.

Kurt Smolak, «Philologisches zum Tapisserienzyklus "Die sieben Todsünden" im Wiener Kunsthistorischen Museum», *Aachner Kunstblatter*, 60 (1994), p. 377.

Paul F. State, *Historical Dictionary of Brussels*, Oxford, Scarecrow Press, 2004.

Kurt Steinbart, «Pieter Coecke's Designs for Tapestries», *Old Master Drawings*, 8, 31 (1933), p. 34.

Anna Maria De Strobel y Cecilia Mazzetti di Pietralata, «Tapestries with the Acts of the Apostles from the cartoons of Raphael. List of weavings and copies», en Anna Maria De Strobel (ed.), *Leo X and Raphael in the Sistine Chapel. The tapestries of the Acts of the Apostles*, Roma, Edizioni Musei Vaticani, 2020, vol. I, pp. 145-163.

Tesoros de los palacios reales de España [cat. exp. Ciudad de México, Galería del Palacio Nacional de México, de 16 de diciembre de 2011 al 31 de mayo de 2012], Madrid, Patrimonio Nacional, 2011.

Santo Tomás de Aquino, *Suma Teológica*, Salamanca, Herederos de Matías Gast, t. II, parte I-II, cuestión 84:4.

Elías Tormo y Monzó y Francisco J. Sánchez Cantón, *Los tapices de la casa del rey, N.S.: Notas para el catálogo y para la historia de la colección y de la fábrica*, Madrid, Mateu, 1919.

Andrés Torres Queiruga, «Culpa, pecado y perdón», *Encrucillada,* 58 (1988), pp. 248-265.

Jan Veenstra, *Magic and Divination at the Courts of Burgundy and France: Text and Context of Laurens Pignon's «Contre Les Devineurs» (1411)*, Leiden y Nueva York, Brill's Studies in Intellectual History, 1998, vol. 83, pp. 357-369.

Alejandro Vergara y Anne T. Woollett (eds.), *Rubens. El triunfo de la Eucaristía*, Madrid, Museo Nacional del Prado, 2014.

Manuel Villegas, *Psicología de los siete pecados capitales,* Barcelona, Herder, 2018.

ICONOGRAPHY OF EVIL.
TAPESTRIES OF *THE SEVEN DEADLY SINS*

CONTENTS

Among the textiles that have clothed the history of art, tapestries have been not only ornaments but also testaments to power, devotion and moral teachings. The exhibition "Iconography of Evil. Tapestries of *The Seven Deadly Sins*", now on display at the Galería de las Colecciones Reales, reflects one of the Gallery's principal strategies with regard to its temporary exhibitions: the presentation of outstanding groups of works from the Royal Collections. It also honours that tradition by focusing on two exceptional series of tapestries dating from the 16th century which illustrate the Seven Deadly Sins.

The two series shown together here, from the collection of Mary of Hungary and the Count of Egmont, were added to the Royal Collections by Philip II and constitute a unique example of how European tapestry became a vehicle for moral teaching and aesthetic refinement. Designed by Pieter Coecke van Aelst, these works combine the imagination of the Flemish tradition with the Italian influence of the Renaissance, transferring to silk and wool the complexity of narratives that explore human nature.

Each tapestry shows not only the representation of sin in its most overt manifestation but also its possible redemption. Thus Avarice confronts Charity, Lust opposes Chastity and Pride contrasts with Humility. In this dialogue between vice and virtue these works reveal a vision of the world which, although conceived in the 16th century, still has undeniable relevance. In a society such as the present one, in which human passions continue to determine the course of history, this exhibition invites us to reflect on the legacy of those visual warnings.

The dialogue established here between the two series allows for a comparative study of their stylistic and technical differences and underlines the role of tapestry as a medium for symbolic representation and an essential element in the configuration of the Spanish Royal Collections. From the Habsburg court to the present day, these works have been witnesses to the evolution of taste, politics and religion in Europe. Their preservation and study thus represent an ongoing commitment to historical memory and the cultural heritage. In addition to the tapestries, the exhibition brings together paintings, books, works on paper and other art forms. Aside from a few exceptional loans, the items on display come from the Spanish Royal Collections, a fact that once again highlights the richness and diversity of the holdings of Patrimonio Nacional, one of the few cultural institutions with the capacity - and the obligation - to organise exhibitions of works of the highest quality from its own collections.

With this exhibition the Galería de las Colecciones Reales, a space originally conceived to house tapestries and carriages, is thus paying tribute to its own history. Shortly after the exhibition "In Motion. Carriages and Other Vehicles in Patrimonio Nacional's Collections", which explored the impressive collection of vehicles and carriages, this new exhibition reaffirms the role of Patrimonio Nacional as custodian of a remarkable legacy that belongs to all. Like history itself, may art continue to be a mirror in which we can recognise ourselves.

Ana de la Cueva Fernández
President of the Board of Directors of Patrimonio Nacional

Sin and guilt. *The Deadly Sins*

María Leticia Sánchez Hernández

The concepts of sin and guilt are two of the great issues that challenge human beings and which have been addressed throughout history by philosophers, theologians, writers, and psychiatrists.[1] Both notions go to the very heart of human existence and continue to be present despite the crisis of religion in contemporary culture[2] and of a different perception of the meaning of evil. This paradigmatic shift certainly does not mean that erring disappears; rather it points to a historical transformation in the understanding of sin and the yardsticks used to judge it. We only have to look at the metamorphosis that has taken place since the dawn of secularisation with regard to issues raised by social and sexual morality. Between the 14th and 18th centuries, Western civilisation passed through a phase of profound disquiet and angst that emerged with the appearance of the Black Death: this experience gave rise to an enormous sense of guilt among the population and provoked a terrible fear of illness and death. To alleviate this context of extreme anxiety the Church introduced the practice of the so-called "pastoral of fear", in which purgatory and hell were the principal themes of sermons.[3]

Progress in human sciences has provided us with a better understanding of the mechanisms of freedom and the consequences of human actions. Research on freedom and responsibility has highlighted the enormous influence of the unconscious and of the environmental and educational circumstances in which human beings live and which significantly determine the acts carried out by men and women. At the present time there is an increasing tendency to consider the protagonists of a bad action more victims than culprits due to a series of factors that encourage the evasion of personal responsibility and blame circumstances and society in general for such behaviour. It is also true that along with the above-mentioned change in sensibility, a tremendous hidden guilt exists which identifies failure due to mere psychological insufficiency with guilt or deliberate sin.[4] Two literary characters clearly embody the feeling of guilt for wrong committed: Lady Macbeth and Raskolnikov in *Crime and Punishment*. The feeling of guilt experienced by one of Shakespeare's characters after inciting her husband to commit regicide leads to the legendary scene in which she sleepwalks, saying the words: "Out, damned spot: out I say." The famous conversations between Dostoevsky's protagonist and the examining magistrate Porfiry Petrovich lead to Raskolnikov's confession to murdering the pawnbroker and the acceptance of guilt as indispensable paths to redemption [Fig. 1].

Again by Dostoevsky, this passage from *The Brothers Karamazov* is relevant here:

> "If you sin yourself and grieve even unto death for your sins or for your sudden sin, then rejoice for others, rejoice for the righteous man, rejoice that if you have sinned, he is righteous and has not sinned. If the evil-doing of men moves you to indignation and overwhelming distress, even to a desire for vengeance on the evildoers, shun above all things that feeling. Go at once and seek suffering for yourself, as though you were yourself guilty of that wrong. Accept that suffering and bear it and your heart will find comfort, and you will understand that you too are guilty, for you might have been a light to the evil-doers, even as the one man sinless, and you were not a light to them. If you had been a light, you would have

---

[1]   Andrés Torres Andrés Queiruga, "Culpa, pecado y perdón", *Encrucillada*, 58 (1988), pp. 248-265 (hereafter, Torres Queriuga 1988).

[2]   Juan Martín Velasco, *El malestar religioso de nuestra cultura*, Madrid, Ediciones Paulinas, 1993 (hereafter, Martín Velasco 1993).

[3]   Jean Delimeau, *El miedo en Occidente*, Madrid, Taurus, 2012 (hereafter, Delimeau 2014).

[4]   Carlos Castilla del Pino, *La culpa*, Madrid, Alianza Editorial, 1973 (hereafter, Castilla del Pino 1973).

lightened the path for others too, and the evil-doer might perhaps have been saved by your light from his Sin." (Book V, Chapter 4).

Sin is a religious category that does not rely solely and exclusively on itself, but rather constitutes the manner of experiencing the perception of guilt, which is one of the most radical human experiences. The great question is how it is possible to commit evil. Throughout history, men and women have realised that rather than doing good, they commit evil; and that even when doing good, there is always the feeling that their acts are not entirely clean and that rather dark and inexplicable impulses and motives lie within us. Many of those engaging with therapy sense that the cause of what happens to them relates to themselves; as if they were saying to themselves: "This always happens to me and I don't understand why; I would like to do a certain thing but I do the opposite." Both Ovid and Saint Paul express this clearly: "I see, and I desire the better: I follow the worse" Medea tells Jason (Ovid).[5] And in the words from Saint Paul to the Romans: "For the good that I would I do not: but the evil which I would not, that I do. […] I find then a law, that, when I would do good, evil is present with me."[6] It is the division between what suits us and what we want [Fig. 2]. Indeed, it may perhaps be even more paradoxical: we do not desire what we want, nor do we want what we desire. Life is what we make of it: each of our choices involves a loss. It is not difficult to love something; what is difficult is to love its consequences as there is always something not quite right.[7]

Modern philosophy perceives the tremendous paradox of human freedom with great intensity. This is a finite freedom that is never completely master of itself because it is conditioned from within and is constantly receiving its substance and its demands from without. A freedom that is always under suspicion. Kant spoke of a "rooted-in" evil: an innate propensity that corrupts freedom at the very root, without it thereby ceasing to be responsible.[8] Heidegger said the same in his analysis of guilt by describing man as a being essentially indebted to himself and by insisting that this structure is prior to morality, since all possible morality is founded precisely on it.[9] For his part Sartre maintained that man is condemned to freedom, which is why freedom is inherent to the human condition: "Man is condemned to be free. Condemned, because he did not create himself and yet nevertheless he is free, and from the moment he is cast into the world he is responsible for everything he does."[10]

The argument established is prior to any religious or non-religious concept of human reality itself: it is, in short, about how to confront the dramatic reality of finite freedom and how to articulate possible answers. A fairly widespread perception exists that religion is responsible for the sense of guilt. Many think that if God did not exist this often unbearable scourge would disappear because there would be no commandments and each person could act as they see fit. However, committing evil and experiencing guilt affects the most fervent of believers and the most convinced of atheists. Everyone has to fight equally against the limits of their freedom, against the strength of their instinct and against the enigmatic and terrible duality of their being. The difference lies in how to discern and confront a problem common to both. Believers have to understand that where there is finite freedom, the possibility of guilt and ethical struggle always appears. Non-believers must admit that

5   Ovid, *The Metamorphoses*, Book VII: 1-73. Trans. A. S. Kline. Available at: https://ovid.lib.virginia.edu/trans/Metamorph7.htm

6   Romans 7, 19.

7   Franz Kafka, *Reflections on Sin, Pain, Hope and the True Way*, in *The Aphorisms of Franz Kafka*, Princeton UP, 2022 (hereafter, Kafka 2009).

8   José Gómez Caffarena, "Sobre el mal radical: ensayo de la heterodoxia kantiana", *Isegoría*, 30 (2004), pp. 41-54 (hereafter, Gómez Caffarena 2004).

9   Olga Belmonte García, "Claves para recorrer *Ser y tiempo* de Martin Heidegger", *Razón y Fe*, 265, 1363-1364 (2012), pp. 377-390 (hereafter, Belmonte García 2012).

10   Jean-Paul Sartre, *Existentialism is a Humanism*, Yale University Press, 2007 (hereafter Sartre, 2007).

the problem of guilt is not something invented by religion nor something that separates them from the religious world at this level.

The question thus lies in discerning what the religious way of living the common experience of guilt consists of. Sin is guilt as experienced by the religious individual in the presence of God.[11] It is this presence that constitutes the decisive aspect of sin: it gives it its absolute seriousness but it also opens up a radically new possibility. If the believer believes themselves to be before an implacable God who condemns them without contemplation, there is no reality in the world with a greater capacity to generate guilt. But if that same believer feels under the gaze of a loving God who understands and helps them, there is no reality in the world with a greater healing and liberating capacity. The crucial issue is thus to discover the authentic face of God and his attitude to sin.[12] This is certainly not an easy task. The very rapid advances in biblical scholarship, which is providing increasingly precise keys to understanding the God of the Old Testament (the God of Jesus), charts a complex and not always clear process in the search for the divine face: there are many layers of tradition, there are cultural contexts very different to ours and there are still many stereotypes and prejudices to combat, simply arising from ignorance. The Old Testament presents a God defined by his salvatory character: Yahweh is a God who saves from all oppression (the yoke of the Egyptians over the Hebrews, or the yoke of Babylon); a God who, like a father, feels affection for his children; a God incapable of thinking about punishment; a God who yields to compassion (the wonderful conversation between Abraham and Yahweh on the punishment of Nineveh). In the New Testament, the love and forgiveness shown by Christ are overwhelming, exceeding human expectations and bringing an unprecedented liberation: the Lost Sheep, the Prodigal Son, the Adulteress, the Samaritan Woman, Peter, Thomas and many others [Fig. 3].

Over time, however, the image of a terrible and recriminating God was established in religious and secular Western culture. The fundamental misunderstanding has already been observed here: evil and guilt do not derive from religion but from the conditioning of finite freedom. When a believer, using their freedom, acts outside of God, they commit a sin. In other words, to sin is to act ignoring the fact that God is the meaning of life or the fundamental axis of existence. It can be discouraging to hear from both specialists in different disciplines and from the average person that sin is basically an evil done to God, and for that reason God dictates the commandments at his convenience, and the Church dictates moral values as a right of God over men and women. Saint Thomas Aquinas expressed this very clearly: "For we do not offend God except by doing something [sinning] contrary to our own good, as has been said."[13] Concern for the victims of sin is the biblical God's most profound preoccupation. Father of all, he is first and foremost father of the poor against the powerful. Together with this erroneous view of sin we encounter the idea that God is a judge who punishes human actions. In this God, however, there is only room for pity for the damage that man inflicts on himself. God is forgiveness and understanding; it is man who transforms him into a judge as an image projected by fear [Fig. 4].

Since the 6th century, Church tradition has included a list known as the Capital Sins (also known as the Cardinal Sins and the Seven Deadly Sins) which are essentially a specification of this acting outside of God. They are freely chosen attitudes and actions that make one's own life and that of others less full. They are the behavioural acts that relate to the very essence of the human condition and are seemingly satisfactory but impregnated with

[11]   Julia Enxing, *Culpa y pecado de [en] la Iglesia. Una investigación en perspectiva teológica*, Salamanca, Sígueme, 2023 (hereafter, Enxing 2023).

[12]   Carmen Bernabé (ed.), *Los rostros de Dios. Imágenes y experiencias de lo divino en la Biblia*, Madrid, Biblioteca de Autores Cristianos (BAC), 2012; Ignacio Núñez de Castro, *El rostro de Dios en la era de la biología*, Maliaño, Sal Terrae, 1996 (hereafter, Núñez de Castro 1996).

[13]   *Summa Contra Gentiles* III, 122.

emptiness and pain. As a result they fracture lives and produce a distancing from God and from others.[14] Capital sins are thus those (bad) actions considered as the origin and driving force of others (hence the name capital as a reference to the head, particularly due to final causality), through which a specific end is sought capable of attracting the will and propelling it towards other sins relating to that same end. Capital sins represent the principal directions in which the desire for pleasure and the inclination to evil tend to run wild, the result of distancing ourselves from God, and the consequent injury or death for human beings. In order to properly speak of capital sin there must be a specific connection between the sins called members and the sin or sins that are their head. This capital status of certain sins can take on different modalities, although it always retains its common characteristic. The capital nature of pride lies in the order of intention, and in that order the end that is sought to be achieved predominates.[15] In the words of Thomas Aquinas: "Now man's end in acquiring all temporal goods is that, through their means, he may have some perfection and excellence. Therefore, from this point of view, pride, which is the desire to excel, is said to be the 'beginning' of every sin" [Fig. 5].[16]

On some occasions sin is capital because it acts as a support for other illicit actions by offering a wide variety of means to carry them out. This is the case with greed, which is "the root of all evil," as stated in the First Epistle to Timothy, not because riches are sought as the ultimate goal, but "because with riches man acquires the ability to commit any sin and satisfy any desire for sin."[17] In other cases the capital nature of the sins is affected and modified by the particular motivations of each person, who comes to have their own capital sins, depending on the way of life they lead, their customs and habits, education, character traits, etc. The reason for the existence of capital sins is characterised "according to what happens as a general rule, not according to what happens always and in all cases, because the will does not necessarily act" [Fig. 6].[18]

The reason for the existence of capital sins can also be understood with the help of the contrast presented between them and other sins not considered capital, such as lying. In general, lying is a sin that does not exhaust the goal of the action in itself but is rather allied to other more or less conscious objectives in which it acts as a means and instrument. In all cases – avoiding a reprimand, avoiding an unpleasant situation or getting out of a mistake – lying is an evil action subordinated to another which arises from vainglory, anger, lust and greed.

The classification of capital sins is extremely varied. With regard to greed or avarice, the above-mentioned Epistle to Timothy is considered a classic text: "For the love of money is the root of all evil: which while some coveted after, they have erred from the faith, and pierced themselves through with many sorrows";[19] as is that of Ecclesiastes on sloth: "The labour of the foolish wearieth every one of them, because he knoweth not how to go to the city";[20] and that of the First Epistle of John on pride: "For all that is in the world, the lust of the flesh, and the lust of the eyes, and the pride of life, is not of the Father, but is of the world."[21]

---

[14] José María Rodríguez Olaizola, "Los 7 pecados capitales", *Pastoralsj*, available at https://pastoralsj.org/etiqueta/serie-7-pecados-capitales/ [consulted: 18 November 2024] (hereafter, Rodríguez Olaizola).

[15] Manuel Villegas, *Psicología de los siete pecados capitales*, Barcelona, Herder, 2018 (hereafter, Villegas 2018).

[16] Saint Thomas Aquinas, *Summa Thelogica*, vol. II, part I-II, question 84:4. Ed. Benziger Bros. 1947 [available at: https://ccel.org/a/aquinas/summa/FS/FS084.html#FSQ84A2THEP1] (hereafter, Saint Thomas Aquinas).

[17] Saint Thomas Aquinas.

[18] Saint Thomas Aquinas.

[19] 1 Timothy 6, 10.

[20] Eccl 10, 15.

[21] 1 John 2, 16.

Basing themselves on the above-mentioned texts, the Fathers of the Church of the first six centuries reflected on the Capital Sins and proposed various classifications.[22] Three lists are the most significant: those of John Cassian, Saint John Climacus, and Saint Gregory the Great. In the *Collations* Cassian lists eight principal vices in this order: gluttony, concupiscence, avarice, anger, sadness, acedia or sloth, vainglory and pride. This enumeration has three characteristics: the division of vainglory and pride, the distinction between sadness and acedia, and finally the omission of envy as a capital vice.[23] Relying on Gregory of Nazianzus and others he does not name, Saint John Climacus in *The Ladder of Divine Ascent* gives an account of seven principal vices, combining vainglory and pride; the rest are the same as Cassian's and he also also omits envy: gluttony and drunkenness, avarice, lust, vainglory and pride, anger, sadness and sloth.[24]

In the *Moralia* Gregory the Great devises a list of seven sins, considering pride to be the queen of all vices and therefore the capital sin par excellence. It is followed by the capital vices engendered by pride, which are seven in number: vainglory, envy, anger, sadness, avarice, gluttony and lust. Finally we encounter the sins that Gregory calls children of the capital vices, which are the sins that each of them engenders in a special way.[25] From the 8th century to the time of Saint Thomas Aquinas theological tradition successively reproduced the classifications detailed here. Particularly notable are the lists by Saint Isidore of Seville, Alcuin of York and Peter Lombard.

In the *Summa Theologica* Thomas Aquinas takes his starting point from Gregory the Great's proposal, stating that all vice is born from the disordered relationship of appetite with respect to good, from which arises the two disordered ways in which appetite directs itself towards the good: seeking it in a disorderly manner or fleeing from it in that manner. A disordered inclination towards good leads to vainglory, gluttony, lust and avarice while a flight from good leads to sloth or laziness, envy and anger. The difference between the lists of the Eastern and Western thinkers is of little significance. Envy is in fact a form of sadness produced by other people's possessions; acedia or sloth is a part of sadness and its aspect of laziness or unhealthy leisure is emphasised by these writers. In general, the viewpoint of the Latin authors is somewhat dogmatic and moral while that of the Eastern authors is primarily practical and concerns the ordering of the spiritual life. This is the classification that entered the catechisms of Fathers Astete and Ripalda and that of Saint Pius X [Fig. 7].[26]

The subject of the capital sins has had and continues to have widespread significance, not only for theology but also for spirituality. The great spiritual teachers have meditated on human actions and their consequences. The capital sins point out the general tendencies of our disordered nature caused by the use of freedom aside from God. Spiritual struggle is structured through identification of the tendency or tendencies that prevail in each individual due to their temperament or arising from habits acquired in the family and the cultural environment in which they have moved. Spiritual work consists precisely of identifying the predominant tendencies in each individual and will be more or less arduous depending on the obstacles encountered. In *The Sayings of the Desert Fathers* the monks of the Egyptian desert explained that there are disordered tendencies from

---

22 Jesús Álvarez Gómez, *Historia de la Iglesia. I: Edad Antigua*, Madrid, Biblioteca de Autores Cristianos (BAC), 2001 (hereafter, Álvarez Gómez 2001).

23 *The Conferences of John Cassian*. Chap II. Christian Classics Ethereal Library [available at: http://www.ccel.org/ccel/cassian/conferences.html]

24 *The Ladder of Divine Ascent*, Step 26. [available at: www.prudencetrue.com/images/TheLadderofDivineAscent.pdf

25 Moraba, XXXI, 45: PL 76, 620 ff.

26 Jesús Sánchez Herrero, *Historia de la Iglesia. II: Edad Media*, Madrid, Biblioteca de Autores Cristianos (BAC), 2023 (hereafter, Sánchez Herrero 2023).

which others spout as from a fountain. Evagrius Ponticus was the first to systematise this doctrine, speaking of eight vicious thoughts or tendencies which the hermit must confront and overcome. In his commentary entitled *Dark Night* Saint John of the Cross describes how these vices-sins manifest themselves in those who have already advanced in the spiritual life and begin to suffer from the "passive night of the senses." In the *Spiritual Exercises* Saint Ignatius of Loyola recommends presenting the capital sins to the person engaged in the exercises so that they can meditate on them, while in his *Intro-*

duction to the devout Life Saint Francis of Sales also elaborates on these ideas.

As a conclusion to the reflections offered in these lines, I would like to reference the words of Saint Paul in the Second Epistle to Timothy, in which he summarises his life before he was deported to Rome. These are words that can be applied to the experience of any believer in the use of their freedom: "I have fought a good fight, I have finished my course, I have kept the faith" [Fig. 8].[27]

---

[27]   2 Timothy 4, 7-8.

Weaving *The Seven Deadly Sins*: conception, origins and subsequent history

Roberto Muñoz Martín

The Seven Deadly Sins tapestry series was designed by the renowned Flemish artist Pieter Coecke van Aelst (1502-1550) [Fig. 9] in the early 1530s.[1] The design enjoyed great success among leading European monarchs and courts and was seemingly reproduced in the form of tapestries at least five times.[2] The attribution of the cartoons to Coecke can be confirmed not only on the basis of their stylistic characteristics, which are typical of that artist, but also due to the existence of surviving drawings of some of these *Sins*.[3] In addition to this graphic documentation there is another exceptional source: a manuscript dated between 1546 and 1553 which states that it was for the tapestry maker Willem de Pannemaker (1510-1581) that Pieter Coecke van Aelst made the "designs and instructions" [(…) *desquelz / a faict les patrons et ordonnances / maistre pierre van aelst paintre / d'anvers*"].[4] This confirms not only

the attribution of the cartoons but also the workshop where the first versions of the tapestries were made, a fact also substantiated by the workshop monograms.[5] So proud was he of his creation that he included his self-portrait in the tapestry of *Gluttony*, looking out fixedly at the viewer [Fig. 10].[6]

Although the identity of the promoter of the original series is not known with certainty, recent studies consider that it was commissioned by Henry VIII of England (1491-1547).[7] This hypothesis is based on the existence of a tapestry in the Morgan Library in New York, albeit in very poor condition and faded in colour.[8] After this initial version, it is believed that the following sets are the two in the collection of Patrimonio Nacional, the so-called series 21 and 22, which entered the royal collection at the time of Philip II

---

[1]   On the life and work of this Flemish artist, Karel van Mander, *Het Schilder-Boeck,* Haarlem, Paschier van Wesbusch, 1604, fol. 218 (hereafter, Mander 1604) and Max Friedländer, "Pieter Coecke van Alost", *Jahrbuch der Königlich Preussischen Kunstsammlungen*, 38 (1917), pp. 88-91 (hereafter, Friedländer 1917); Georges Marlier, *La Renaissance flamande: Pierre Coeck d'Alost*, Brussels, Robert Finck, 1966 (hereafter, Marlier 1966); and Elizabeth Cleland (ed.), *Grand Design. Pieter Coecke van Aelst and Renaissance Tapestry*, New York, The Metropolitan Museum of Art, 2014 (hereafter, Cleland [ed.] 2014)

[2]   Cleland (ed.) 2014, p. 187.

[3]   On Coecke's drawings, Kurt Steinbart, "Pieter Coecke's Designs for Tapestries", *Old Master Drawings*, 8, 31 (1933) (hereafter, Steinbart 1933); Egbert Haverkamp-Begemann and Anne-Marie S. Logan, *European Drawings and Watercolors in the Yale University Art Gallery, 1500-1900*, New Haven, published for the Yale University Art Gallery by Yale University Press, 1970, vol. I, p. 261 (hereafter, Haverkamp-Begemann and Logan 1970); Rotraud Bauer, *Tapisserien der Renaissance nach Entwürfen von Pieter Coecke van Aelst. Ausstellung im Schloss Halbturn* [exhib. cat., Halbturn, Schloss Halbturn, 15 May to 26 October 1981], Halbturn, Amt der Burgenländischen Landesregierung, 1981, p. 61 (hereafter, Bauer 1981), David P. Becker (ed.), *Old Master Drawings at Bowdoin College* [exhib. cat., Brunswick, Bowdoin College Museum of Art, 1985-1986], Brunswick, Bowdoin College, 1985, p. 7 (hereafter, Becker 1985).

[4]   Biblioteca Nacional de España [hereafter BNE], MSS/6015, *Miscelánea 1545-1533. Tesoros de los palacios reales de España* [exhib cat., Galería del Palacio Nacional de México, 16 December 2011 to 31 May 2012], Madrid, Patrimonio Nacional, 2011, p. 269 (hereafter, *Tesoros* 2011).

[5]   BNE, MSS/6015, *Miscelánea 1545-1553*, p. 12; Bauer 1981, pp. 91-99.

[6]   Elizabeth Cleland, "Rogier van der Weyden and other red herrings: the quest for designers' self-portraits in Renaissance tapestries", in Philippe Bordes and Pascal-François Bertrand (eds.), *Portrait and Tapestry*, Leuven, Brepols, 2015, p. 20 (hereafter, Cleland 2015).

[7]   Thomas P. Campbell (ed.), *Tapestry in the Renaissance: Art and Magnificence* [exhib. cat., New York, The Metropolitan Museum of Art, 2002], New York, The Metropolitan Museum of Art, 2002, p. 381 (hereafter, Campbell 2002).

[8]   *Avarice*. Design by Pieter Coecke under the direction of Paulus van Oppenem. The Morgan Library and Museum, New York. Inv. AZ130; Edith Appleton Standen, *European Post-Medieval Tapestries and Related Hangings in the Metropolitan Museum of Art*, New York, The Metropolitan Museum of Art, 1985, vol. 1, p. 113 (hereafter, Standen 1985).

(1527-1598).[9] Each comprising seven tapestries, both sets arrived complete in Spain but some were lost in the 19th century so that in the present day one comprises six tapestries and the other four.[10] The notable success of the design led to the manufacture of several later sets and production extended well into the second half of the 16th century, of which a notable example due to its completeness is the one in the Kunsthistorisches Museum in Vienna, of unknown provenance.[11]

The series of *The Seven Deadly Sins* not only aims to offer a visual and artistic representation of the passions of the Christian soul, defined by Saint Gregory the Great (ca. 540-604) in the *Moralia in Job*, but also to transmit moralising messages on the need to avoid them.[12] Via Catholicism, scholasticism analysed and exemplified human beings' darkest and lowest thoughts. By incorporating these sins into a tapestry, exalted by elements of glory and victory, a space for reflection was created in which the viewer must ask whether what they see is positive or negative [Fig. 11]. The artist thus creates a dichotomy between good and evil, inviting reflection on whether the latter, although tempting and seemingly triumphant, should be avoided. To achieve this, it becomes evident that mere observation is not enough: what is important is invisible to the eyes and is only revealed through the mind.

In this context, the fact that Coecke was inspired by a fundamental concept from antiquity – the eternal struggle between good and evil or the virtues and vices – is more easily comprehensible. The artist drew on mythological examples of antagonistic battles, such as Hesiod's *Theogony* (776-700 BC) or Prudentius's *Psychomachia* (AD 348-410). These fights between opposing forces in turn find their parallels in art, for example the battles between the Lapiths and centaurs or those of the Trojan War. As art adapted to the late medieval Christian world, theologians such as Saint Bonaventure (1217/8-1274) in chapter 9 of the *Breviloquium* entitled "On Corruption and Sin", the above-mentioned Gregory the Great and Saint Thomas Aquinas (1224/5-1274) in the second volume of the *Summa Theologica* all focused on these struggles between vices and virtues.[13]

These "honourable" teachings were very visible in Flanders in the late 15th and early 16th centuries, both through the above-mentioned texts and other treatises, such as the *Buch von die sieben Todsünden und den sieben Tugenden* (1480-1490), the *Moralité de l'homme pécheur* (1481), and the *Elckerlijk* (1495, reprinted in 1520). These texts include iconographic and symbolic parallels with Coecke's designs, especially with regard to decorative elements such as the banners.[14] Such allegorical motifs were present in a wide

---

9   The fact that the manuscript is in Madrid suggests that this book reached Spain via the library of Mary of Hungary and that the first set of tapestries was commissioned by her. Jan Veenstra, *Magic and Divination at the Courts of Burgundy and France: Text and Context of Laurens Pignon's "Contre Les Devineurs" (1411)*, Leiden and New York, Brill's Studies in Intellectual History, 1998, vol. 83, p. 363 (hereafter, Veenstra 1998). Campbell, however, notes that in relation to a drawing signed by Coekce in 1537 and the information known on Henry VIII's set, the next should be the New York tapestry. The tapestry now in New York was not, however, made in the workshop of Pannemaker who, according to the manuscript, was the person who received Coecke's designs. Thomas P. Campbell, *Henry VIII and the Art of Majesty: Tapestries at the Tudor Court*, New Haven, published for the Paul Mellon Centre for Studies in British Art by Yale University Press, 2007, p. 223 (hereafter, Campbell 2007).

10 Paulina Junquera de Vega y Concha Herrero Carretero, *Catálogo de tapices del Patrimonio Nacional, siglo XVI*, Madrid, Patrimonio Nacional, 1986, vol. I, pp. 150-154 (hereafter, Junquera y Herrero 1986).

11 Its first known owner was Charles III, Duke of Lorraine (1543-1608), from the late 16th century. Cleland 2014, p. 194. Kurt Smolak, "Philologisches zum Tapisserienzyklus "Die sieben Todsünden" im Wiener Kunsthistorischen Museum", *Aachner Kunstblatter*, 60 (1994), p. 377 (hereafter, Smolak 1994).

12 Saint Gregory the Great, *Moralia in Job* [Morals on the Book of Job]. Oxford, ed. 1844. Trans. Parker and Rivington. Available at: https://www.lectionarycentral.com/gregorymoraliaindex.html

13 Saint Thomas Aquinas, *Question 84:4*, and Louis Reau, *Iconografía del arte cristiano. Vol. 1: Introducción general*, Barcelona, Ediciones del Serbal, 1955-1959 (hereafter, Reau 1955-1959).

14 Cleland 2014, p. 187.

range of works of art, for example the series of tapestries known as *The Moralities* or *The Honours*, produced a few years before and revealing a clear moral focus.[15]

In this context of instruction and moralising, the concept of the "mirror of princes" is particularly notable. It served as a model for young European monarchs, urging them to follow the straight and decorous path in order to avoid bringing disgrace on their reign and the lives of their subjects. This principle was reflected in literary works that guided monarchs in their responsibilities, such as the *Castigos de Sancho IV* (1292-1293), the *Regimento de príncipes* by Egidio Romano(1374), the *Vergel de príncipes*(1456), and the later and better known *Il Cortegiano* by Baldassare Castiglione (1528) and *El espejo del príncipe cristiano* by Francisco de Monzón (1571).[16]

Coecke's complex language, both literary and visual, had a profound influence, inspiring later artists. Not only can borrowings of gestures and poses be traced, for example Titian's borrowing of the figure of *Avarice* in Coecke's tapestry in his portrait of *Jacopo Strada* (1567), but also the use of traditional elements such as the triumphal chariots [Fig. 12] and their retinues. These were reinterpreted in works such as *The Triumph of the Eucharist* tapestry series designed Rubens and made for the convent of the Descalzas Reales in Madrid as a commission from Isabel Clara Eugenia of Austria [Fig. 13].[17]

In conclusion, *The Seven Deadly Sins* tapestry series is a complex and innovative work of art which defined a moralising model that lasted throughout the 16th century and also influenced the artistic tradition of subsequent centuries. Its extensive reproduction and the material history of some of its versions, such as the sets housed by Patrimonio Nacional, attest to its importance for both the history of European art and the moral doctrine of the Hispanic monarchy.

The designer: Pieter Coecke van Aelst

Pieter Coecke van Aelst was a prominent Flemish artist, architect, painter, engraver, publisher, translator and tapestry designer, among other disciplines. His artistic training took place within the context of great names in the field of Flemish tapestry making. Although his father had no direct connections with the art world, holding the position of deputy mayor of the city of Aalst, Coecke's connection with this Flemish town on the banks of the River Dender linked him to an important dynasty of tapestry makers. Notable among them were Pieter van Aelst or Enghien (grandfather, ca. 1450-1533), Pieter van Aelst II (father, ca. 1509-1555) and Pieter van Aelst III (son, ca. 1495-1560), who were involved in some of the most important tapestry projects of the period. Among the most significant works made on their looms were *The Triumph of the Mother of God* series, also known as *The Golden Cloths*, the above-mentioned *Honours*, and *The Acts of the Apostles* based on cartoons by Raphael (1483-1520). In 1560 Pieter van Aelst III sold his flourishing workshop to Willem de Pannemaker, the first weaver of *The Seven Deadly Sins*, thus ending a family tradition of several generations.[18]

Coecke's geographical relationship with Aalst becomes more significant if it is borne in mind that Bernard van Orley (1487-1541), who is referred to as Coeck's teacher by Karel van Mander (1548-1606), is believed to have worked on the design *The Honours,* an important tapestry series made for the Emperor Charles V (1500-1558).[19] Furthermore, Coecke's connections with the world of tapestry making did not end there. Among those present in his workshop was Pieter Bruegel the Elder (1525/30-1569), a painter and also a tapestry designer who would later become his son-in-law when he married Coecke's

15   Those tapestries in the collection of Patrimonio Nacional as series number 5 (inv. nos. 10005725, 10004074 and 10004093) and 8 (inv. nos. 10026284, 10026277, 100026280, 100026278, 100026276, 10026279, 10026281, 10026283 and 10026282).

16   David Nogales Rincón, "Los espejos de príncipes en Castilla (siglos XIII-XV): un modelo literario de la realeza bajomedieval", *Medievalismo*, 16 (2006), pp. 9-39 (hereafter, Nogales 2006).

17   Alejandro Vergara and Anne T. Woollett (eds.), *Rubens. El triunfo de la Eucaristía*, Madrid, Museo Nacional del Prado, 2014, pp. 29-47 (hereafter, Vergara and Woollett 2014).

18   Paul F. State, *Historical Dictionary of Brussels*, Oxford, Scarecrow Press, 2004, p. 4 (hereafter, State 2004).

19   Mander, 1604, fol. 218r.

daughter Mayken Coecke (1545-1578), an issue that was the subject of debate for a long time.[20]

Aside from his extensive network of contacts, Coecke held important positions and participated in notable artistic projects. He entered the Guild of Saint Luke, the guild of painters in Antwerp, around 1527, and at the end of his life was appointed painter to the court of Charles V. Among the most interesting aspects of his career are his travels outside the Netherlands, which were fundamental both for his artistic training and for his diplomatic activities. In 1525 he travelled to Italy and between 1533 and 1534 he lived in Istanbul, making a further visit to Italy on his return. Although the reason for the stay in Turkey is not known with certainty, it has been speculated that it was associated with projects for the Emperor Charles V and his sister Mary of Hungary (1505-1558) relating to one of the great tapestry series commissioned by the Habsburgs, *The Battle of Tunis*.[21] Coecke also participated in commissions for the Spanish Habsburgs, including the creation of ephemeral decorations for celebrations of the entry of family members into various Flemish cities, such as the one held in Antwerp in 1549 for Prince Philip on the occasion of his *Felicísimo viaje* [Joyous trip].[22]

Coecke's vast cultural and artistic background gave rise to a style that oscillated between respect for Flemish tradition and the assimilation of Italian innovations. In his early years he was profoundly influenced by his father-in-law Jan van Dornicke (1470-1527) and by other artists such as Jan Gossaert, also known as Mabuse (ca. 1478-1532), and the

above-mentioned Van Orley.[23] These artists, who belonged to a previous generation, moved between the Flemish tradition and innovations emerging from Rome. Mabuse, for example, was the first to travel to Italy in 1508 and on his return developed a style markedly influenced by classical sculpture and Renaissance architecture. At the same time in Brussels, Bernard van Orley established contact with the art of Raphael, particularly through his work on the above-mentioned cartoons for *The Acts of the Apostles*, designed for Pope Leo X (1475-1521). The arrival in Flanders of these ten tapestry cartoons between 1514 and 1516 constituted an important point of contact with Italian monumentality and approach to pictorial space that would significantly influence the artistic output of the region.[24]

Artistic resources and classical influence

The Seven Deadly Sins tapestry series by Coecke clearly reflects the influence of the classical language inherited from his masters and further nourished by his trips to Italy, particularly to Mantua where he visited the Palazzo del Te with its frescoes by Giulio Romano (1499-1546).[25] Although the iconography and structure of the series were well defined by the artist – as confirmed by the manuscript housed in the Biblioteca Nacional del España (BNE)[26] – Coecke introduced a series of innovations that reflected his humanist training and personal vision of the subject [Fig. 14].

One of the distinctive elements in the tapestries is the treatment of space. Every scene is set in a bucolic and pastoral

[20]   Thomas Kren and Scot McKendrick (ed.), *The Renaissance. The triumph of Flemish manuscript painting in Europe*, Los Angeles, J. Paul Getty Trust, 2003, p. 513 (hereafter, Kren and McKendrick [ed.] 2003).

[21]   Patrimonio Nacional houses the original series, comprising tapestries with the inv. nos. 10005895, 10005908, 10005918, 10005915, 10005919, 10005907, 10005914, 10005917, 10005906 and 10005932.

[22]   Carlos Gómez-Centurión Jiménez, "El felicísimo viaje del príncipe don Felipe, 1548-1555", in *Felipe II. Un monarca y su época. La monarquía hispánica*, Madrid, Sociedad Estatal para la Conmemoración de los Centenarios de Felipe II y Carlos V, 1998, pp. 81-95 (hereafter, Gómez-Centurión 1998).

[23]   These drawings were attributed to Coecke for some time. Albert F. Calvert, *The Spanish Royal Tapestries*, London, John Lane, 1921, p. 53 (hereafter, Calvert 1921).

[24]   Heinrich Göbel, *Wandteppiche. Pt. 1, Die Niederlande*, Leipzig, Klinkhardt & Biermann, 1923, vol. 1, pp. 108 and 313 (hereafter, Göbel 1923).

[25]   Eugène Müntz, "Tapisseries allégoriques inédites ou peu connues", *Monuments et Mémoires de la Fondation Eugene Piot*, 9, 1 (1902), p. 104 (hereafter, Müntz 1902).

[26]   Marlier 1966, p.331.

landscape located on the outskirts of a city and seen from an elevated viewpoint, a perspective typical of Flemish art. On the left side of all the compositions the earth opens and infernal sulphurous vapours emerge from it. A triumphal chariot pulled by a fantastical animal (derived from bestiaries or mythological repertoires) is the vehicle used to transport the personification of each of the Seven Deadly Sins: pride, avarice, lust, anger, gluttony, envy and sloth. Each sin is surrounded by a retinue of mythological, historical and biblical characters who accompany the sin, while a figure on horseback carrying a banner with the corresponding symbol leads the procession. The triumphal chariot advances over the bodies of those who oppose or have succumbed to it and approaches a city which symbolises the sin in question and becomes the epicentre of the moralising tale.

A close examination of the tapestries reveals the various influences that Coecke assimilated throughout his career. Firstly, the heritage of the artistic tradition of the Low Countries is notable. The influence of the great masters working prior to Coecke is evident, particularly in the depiction of the landscape, which recalls works by Mabuse and Joachim Patinir (1483-1524). The chromatic atmosphere, especially the colour gradation, evokes those Flemish painters. Similarly, the use of grotesque and demonic figures present in Mabuse's work connects with the northern European tradition and with the art of Jheronimus Bosch (ca. 1450-1516). The infernal vapours and the little demons that emerge from them are a visual device employed by Coecke in a way similar way to his predecessors.

Another notable influence is that of German art, in particular Albrecht Dürer (1471-1528). Coecke was inspired by Dürer's

woodcut series *Apocalipsis cum figuris* (1498) [Figs. 15 and 16] which illustrates the Book of Revelation, also known as the Apocalypse. The repertoire of fantastical figures, characteristic of medieval bestiaries, is updated in Coecke with a humanist vision. This synthesis of the medieval and the Renaissance was ideal for *The Seven Deadly Sins* series as it allowed the moralising content of the work to be reinforced while connecting two artistic visions of the time.

Nonetheless, Italian influences are also very evident in Coecke's work, particularly in the actual conception of the tapestries. When comparing them with other sets on moralising subjects, such as The *Exhortation to the Virtues* from *The Honours* series, a clear evolution is evident in the compositional treatment.[27] In *The Seven Deadly Sins* the artist reduced the number of figures, creating more balanced and harmonious compositions. This change marks a break with the previous tradition, in which more figures filled the scenes. By reducing their number Coecke allowed the landscape to become a more prominent visual component, bringing a greater sense of space and depth to the scenes [Fig. 17].[28]

A transformation is also evident with regard to the use of colour. In *The Seven Deadly Sins* the excessive use of red and contrast with blue evident in *The Honours* is abandoned. Instead, Coecke employed a softer and more harmonious colour range dominated by yellow tones, light greens, whites and shades of pastel blue and pink.[29] This more luminous and ethereal palette gives the figures an unreal character and their own brilliance which reinforces the moralising and allegorical tone of the work, linked to the emergence of Mannerism in the Netherlands.[30]

---

[27]   This conception is not solely visual or moral but is also manifested in the use of specific sources for the construction of the characters. These range from classic Graeco-Roman historical texts, such as *Ab urbe condita* by Livy (ca. 59 BC–AD 17), to *De casibus virorum illustrium* by the celebrated Giovanni Boccaccio (1313–1375), and including Ovid's *Metamorphoses*. Katja Schmitz-von Ledebur, *Raphael. Revolution in Tapestry Design*, Vienna, Hannibal, 2023, pp. 145-146 (hereafter, Schmitz-von Ledebur 2023).

[28]   It is important to emphasise differences between what should have been included according to the manuscript in the BNE and the reality. One of the most striking is the inclusion in the foreground of the tapestry on *Envy* of an architect and a sculptor looking at each other in a bad-tempered and suspicious manner and holding attributes of their respective art forms. The manuscript does not identify them as specific individuals although there is a reference to the illustrious Greek painter Apelles.

[29]   Marlier 1966, p. 331.

[30]   Ibid., p. 333.

Another important change is the conception of the figures. Here they are larger in scale with more defined bodies and Coecke employed complex compositional resources such as foreshortening and figures seen from behind. This rethinking of the depiction of the figures not only reflects the influence of the Vatican tapestries but also Renaissance models created in Florence and Rome from the 15th century.[31] Raphael's *Loggie*, with their characteristic use of perspective and architecture, were a constant source of inspiration for Coecke, who even copied compositions from them.[32] These works were rapidly disseminated via engravings and also influenced other series of tapestries, such as the borders of *The Acts of the Apostles* commissioned by Ercole Gonzaga and Philip II [Fig. 18].[33]

In addition to references to classical art, Coecke turned to other elements derived from humanism, such as the iconography of the triumphal chariot which plays a central role in *The Seven Deadly Sins* series. This vehicle, a symbol of victory and power in ancient Rome, became an emblem of the Middle Ages and the Renaissance. Originally associated with military victories and the power of political leaders, the triumphal chariot acquired a new meaning with the arrival of Christianity as a symbolic bridge between the classical world and the Christian religion.[34] Driven by heroes or historical figures, these chariots were employed in mythological allegories with pronounced religious connotations. In the Middle Ages they were incorporated into various celebrations, both real or literary and artistic. Although triumphal entries were not as common in Spain, there are notable examples such as the entries of Alfonso V of Naples (1396-1458) and John II of Aragon (1398-1479), which underline the importance of this tradition at the time.[35]

From a different perspective, in medieval literature the triumphal chariot took on a fundamental allegorical dimension. Works such as *The Triumphs* by Petrarch (1304-1374) and *The Divine Comedy* by Dante Alighieri (1265-1321) expanded the original meaning of this symbol, introducing it as a vehicle for mythological allegories with a markedly religious character. In both works chariots are not only bearers of triumphs but also become vehicles of virtue, celestial glory and spiritual values, reflecting the integration of classical culture and Christian morality.

This process not only represented an adaptation of Greco-Roman themes to the medieval context but also symbolised the search for harmonisation between pagan and Christian beliefs. Triumphal chariots thus became bearers of sacred meanings, linked to the triumph of faith and Eucharistic values. This symbolism endured over time and can be seen reflected in the festivities of *Quattrocento* Italy, where triumphal entries into cities honoured the patron saint, or the above-mentioned series of tapestries by Rubens for the Descalzas Reales.

The borders

Given the importance and relevance of the tapestry series as well as the fame it acquired and its subsequent repetition in the 16th century, it is interesting to analyse some of the differences between the versions. The key one was the border that frames each set and which fulfills both aesthetic as well as structural and symbolic functions. These borders provide context to what they frame, completing the narrative through the inscriptions or subsidiary characters present in them, connecting important elements of the scene and giving narrative coherence and unity to the whole. The borders are thus fundamental elements that not only evoke power, prestige and fame as their study can be central to dating and contextualising them in their period of execution.

---

[31] Concha Herrero Carretero, *Tapices de Rafael para la Corona de España*, Madrid, Patrimonio Nacional, 2020 (hereafter, Herrero 2020).

[32] Notable, for example, is the figure of the architect in the tapestry *Envy* (inv. 10004088).

[33] Anna Maria De Strobel and Cecilia Mazzetti di Pietralata, "Tapestries with the Acts of the Apostles from the cartoons of Raphael. List of weavings and copies", in Anna Maria De Strobel (ed.), *Leo X and Raphael in the Sistine Chapel. The tapestries of the Acts of the Apostles*, Rome, Edizioni Musei Vaticani, 2020, vol. I, p. 146 (hereafter, Strobel and Mazzetti 2020).

[34] Francisco Ollero Lobato, "Entre Amor y Marte. El carro triunfal durante los reinados de Carlos IV y Fernando VII", *Potestas: Religión, poder y monarquía. Revista del Grupo Europeo de Investigación Histórica*, 17 (2020), p. 134 (hereafter, Ollero 2020).

[35] Ibid.

In particular, the two Patrimonio Nacional sets have decorative borders that add cohesion to Coecke's scenes of the Seven Deadly Sins. These borders make it possible to date both sets and help to determine which one was woven first. Of the two, the older series is the one that currently consists of four tapestries and which, as will be explained later, belonged to Mary of Hungary. The border of this series has a rich and ornate decoration of garlands of fruits, flowers and palm tree trunks that surround all the scenes. In the lower corners there are putti holding attributes of prudence, wisdom and magnanimity. At the top centre, supported by two winged angels, is an elongated cartouche with a text in Latin from the *Distiques moraux* by the Italian humanist and poet Publio Fausto Andrelini (1450-1518), a friend of Erasmus of Rotterdam (1466-1536) and his collaborator in the composition of the *Adagia* written around 1500.[36]

Among all the surviving tapestries the most original border element is undoubtedly to be found in *Pride*, which has a large peacock with its tail folded in the lower border, repeating the attribute of the banner of vainglory. These decorations must be dated to around 1540-45, at the time when it is known that the set was acquired.

The other series, number 21, still has six of its seven original tapestries and although it maintains elements such as the Latin cartouches held by infants, here wingless, it has more elaborate borders than those of the previous series. In this version the putti are revised and their positions changed from those in the other set with Patrimonio Nacional, while the garlands of fruit and vegetation are combined with pairs of herms and grotesque figures in a range of situations, hence the emergence of the term "grotesques" to describe compositions of this type.[37] The word dates from the late 15th century when explorers in Rome discovered the ruins of the *Domus Aurea*, Nero's imperial palace. Its walls were covered with colourful symmetrical designs including curious animals and imaginary creatures. The fact that the ruins were covered by rubble led early scholars to think that the decorations came from grottoes, hence the use of the term "grotesques".

From the time of their rediscovery grotesques inspired numerous artists, particularly from the mid-16th century onwards.[38] Figures such as Hans Vredeman de Vries (1527-1609) and Cornelis Floris de Vriendt (1534-1575) introduced this exuberant and imaginative ornamental style to the Low Countries through their engravings, for example in the book *Fantastical Chariots* (1552).[39] The dissemination of these printed designs extended their compositional potential, allowing them to be adapted to various fields of art, as these borders demonstrate. In addition, the presence of these motifs means that this series should be dated later, around the mid-century, indicating that they were woven after those of Mary of Hungary.[40]

Another distinctive element that gives greater originality to this series in comparison to the previous one is the inclusion of the so-called corporal works of mercy or anti-sins: medallions that imitate sculptural reliefs in gilded bronze, located in the lower central area of the tapestries. In their lower part these tondos, set on cartouches that imitate animal hides and supported by allegorical female figures, have a Latin inscription which describes a scene alluding to a work of mercy, conceived as a symbolic counterbalance to each of the Capital Sins.

Avarice, for example, is counterbalanced by the action of clothing the naked; Lust is contrasted with the act of giving drink to the thirsty; Anger is opposed by redeeming a prisoner; Gluttony by feeding the hungry; Envy by welcoming the pilgrim; and finally Sloth is counterbalanced by visiting the sick. These charitable acts, through which the physical and spiritual needs of others are attended to, refer not only to the Christian tradition of works of mercy, but are also

---

[36]   Cleland 2014, p. 190.

[37]   Guy Delmarcel, *Flemish Tapestry from the 15th to the 18th Century*, Tielt, Lannoo Uitgeverij, 1999b, p. 128 (hereafter, Delmarcel 1999b).

[38]   Bauer 1981, p. 58.

[39]   Dirk Imhof, "The dissemination of grotesque prints through the Plantin Press", in Marijke Hellemans (ed.), *Grotesques. Fantasy portrayed* [exhib. cat., Antwerp, Museo Plantin-Moretus], Belgium, BAI, 2019, pp. 92-114 (hereafter, Imhof 2019).

[40]   Cleland 2014, pp. 202-204.

articulated through a series of virtues - modesty, generosity, chastity, mercy, temperance, benevolence and diligence - which have Thomistic and scholastic roots. Their personifications fly over the scenes in the tapestries with expressions of disapproval, visually reinforcing the moralising dimension that counterbalances the representation of sins.

Provenance (I): Mary of Hungary

The set classified as the older of the two with Patrimonio Nacional has two monograms of different weavers: one of them is unknown and the other is that of Willem de Pannemaker.[41] This set, considered to be the finer in quality of the two in Spain, was commissioned by Mary of Hungary, queen consort of that country and governor of the Low Countries between 1531 and 1555 [Fig. 19].[42] It is estimated that the queen placed the order between 1542 and 1544, the date on which she made a payment to Pieter van der Walle for the delivery of the finished tapestries.[43] Existing written and visual documentation confirms the use of these tapestries by Mary in important contexts during the Habsburg mandate to decorate her castle-palace of Binche.[44] In fact, just five years after its acquisition, this set was displayed in the Great Hall of the palace to receive the Emperor Charles V and his son, Prince Philip II, during the "joyous trip" through the territories that Philip would subsequently inherit from his father.[45]

Information on the exact location of this set of tapestries in the room is to be found in texts by Vicente Álvarez and Juan Cristóbal Calvete de Estrella.[46] The former simply mentions that "that room was hung with very good tapestries of wool and silk, and gold and silver of very good craftsmanship, the story of which was the triumphs of the seven virtues over the seven mortal sins, each one on its own tapestry."[47] Calvete de Estrella offers a more detailed description, indicating the order of the hanging of the individual tapestries and some of their details. He explains that the tapestries were interspersed with the celebrated paintings of *The Condemned* by Titian and Michel Coxcie (1499-1592),[48] while with regard to the tapestries he describes them as "six pieces of a rich tapestry set of exceptional quality and fineness of silk and gold and silver, with such wonderful figures that, seeing them, they clearly represented what they were".[49]

What is interesting about this arrangement is that it does not follow the usual order of the sins (pride, avarice, lust, anger, gluttony, envy and sloth). Rather, from right to left and starting from the fireplace in the room, the series began with *Gluttony*, followed by *Lust, Anger, Envy, Avarice, Sloth* and ended with *Pride*, which was significantly located

---

[41] Iain Buchanan, "Designers, Weavers and Entrepreneurs: Sixteenth-Century Flemish Tapestries in the Patrimonio Nacional", *The Burlington Magazine*, 134, 1071 (1992), p. 382 (hereafter Buchanan 1992).

[42] Noelia García Pérez y Melania Soler Moratón, *María de Hungría y Juana de Austria*, Murcia, Tres Fronteras Ediciones, 2020, pp. 43-61 (hereafter, García y Soler 2020).

[43] Archivo General de Simancas [hereafter AGS], Contaduría Mayor, 1.ª época, 1017; Junquera y Herrero 1986, p. 150.

[44] Iain Buchanan, "The Tapestry Collection of Mary of Hungary", *Marie de Hongrie: Politique et culture sous la renaissance aux Pays-Bas; Actes du colloque tenu au Musee Royal de Mariemont les 11 et 12 novembre 2005*, Mariemont, Monographies du Musée Royal de Mariemont, 17, 2008, p. 146 (hereafter, Buchanan 2008).

[45] Marta Carrasco Ferrer, "La iconografía mitológica en el Palacio de Binche bajo María de Hungría", *Anales de Historia del Arte* (2011), pp. 72-74 (hereafter, Carrasco 2011).

[46] Noelia García Pérez, "Mary of Hungary, Patron and Collector, from Political to Cultural History: The State of the Question", in *Mary of Hungary. Renaissance Patron and Collector Gender, Art and Culture*, Turnhout, Brepols, 2020, p. 87 (hereafter, García 2020).

[47] Vicente Álvarez, *Relación del camino y buen biaje que hizo el Príncipe de España don Phelipe*, unknown place of publication and publisher, 1551, p. 644 (hereafter, Álvarez 1551).

[48] Gómez-Centurión 1998.

[49] Juan Cristóbal Calvete de Estrella, *El felicissimo viaie del muy alto y muy Poderoso Principe Don Phelippe, Hijo del Emperador Don Carlos Quinto Maximo, desde España a sus tierras dela baxa Alemaña: con la descripcion de todos los Estados de Brabante y Flandes*, Antwerp, Martin Nucio, 1552, libro tercero, 182v (hereafter, Calvete 1552).

behind the canopy beneath which the emperor and his son were seated. This arrangement cannot be interpreted as a mere issue of aesthetics or size and would rather seem to indicate an allegorical message.[50] The location of *Pride* behind the emperor could be interpreted as a symbolic reference to the idea that those who rebel and believe themselves superior to the monarch will ultimately be ruled by his authority.[51] Located facing the canopy were the tapestries of *Avarice* and *Sloth*, conveying a clear message on the need for Prince Philip and the emperor himself to be generous and proactive with the territories they possessed or would possess, in a well known symbolic game referring to the above-mentioned "mirror of princes". Finally, the location of the rest of the tapestries to the right of the emperor would represent his enemies, particularly the rebellious Protestant princes, symbolising the challenges to his authority.

It is clear that Mary of Hungary paid special attention to all the details of this court event, carefully considering each symbolic aspect.[52] She decorated the room with paintings and tapestries by renowned artists contemporary with the "joyous trip" [Fig. 21]. She also installed numerous coats of arms representing both her and her brother's lineage, together with the Order of the Golden Fleece.[53] These heraldic devices not only adorned the castle's walls but also the banqueting table, on which heraldic decorations made of sugar were displayed.[54] In addition to being a great governor, Mary of Hungary was also a strategist who understood

the power of art as a vehicle to transmit political messages and highlight the importance of her dynasty.[55] Prince Philip's trip marked a turning point in his life, both from an artistic point of view, given that he discovered the works of artists such as Jheronimus Bosch, Pieter Bruegel the Elder and Coecke himself, and from a political perspective, becoming fully aware of the magnitude of the territories he would govern and the diversity of the subjects he had to protect.

The Seven Deadly Sins series accompanied Mary of Hungary in her retirement to Cigales and after her death entered the collections of Philip II. In Mary's posthumous inventory, compiled in 1558, the seven tapestries are listed individually with their measurements.[56] Although they belonged to Philip II and thus to the Crown of Spain, Joan of Austria [Fig. 22] had the usufruct of them and they were displayed at important events of the Spanish monarchy during her regency in the absence of her brother, between 1554 and 1559.[57] This fact underlines the importance of these tapestries in the events and ceremonies of the Spanish monarchy of this period and would influence their future within the context of the Spanish royal collections.

Provenance (II): Lamoral de Egmont

The other set of tapestries, of which six of the seven original elements have survived, were made for Lamoral de Egmont (1522-1568), a knight of the Order of the Golden Fleece,

50 Elena Bellido Pérez, "El patronazgo como estrategia propagandística en los Habsburgo: las intenciones de poder de María de Hungría a través del arte", *María de Hungría y Juana de Austria: el patronazgo artístico femenino en las cortes del Renacimiento en Europa*, Murcia, Ediciones Tres Fronteras, 2020, pp. 67-88 (hereafter, Bellido 2020); and Carrasco 2011, p. 85.

51 Fernando Checa Cremades (ed.), *Tesoros de la Corona de España*, Madrid, Fons Mercator, 2010, p. 189 (hereafter, Checa 2010).

52 Cruz María Martínez Marín, "La influencia literaria en el arte desplegado en el Palacio de Binche", in *María de Hungría y Juana de Austria: el patronazgo artístico femenino en las cortes del Renacimiento en Europa*, Murcia, Ediciones Tres Fronteras, 2020, pp. 43-65 (hereafter, Martínez 2020b).

53 García 2020, pp. 89-90.

54 AGP, "Registros de la Orden del Toisón de Oro", Libros y Registros, 7004, ca. 1481-1573, vol. II, fols. 502-539.

55 Anne-Sophie Laruelle, "A new perspective on Mary of Hungary's: Labours of Hercules Tapestries (Patrimonio Nacional, serie 23)", in *Mary of Hungary. Renaissance Patron and Collector Gender, Art and Culture*, Turnhout, Brepols, 2020, pp. 123-134 (hereafter, Laruelle 2020); and María José Rodríguez-Salgado, "Challenging Images: Charles V's Relationship with Art, Artists and Festivities", in *Mary of Hungary. Renaissance Patron and Collector Gender, Art and Culture*, Turnhout, Brepols, 2020, pp. 23-41 (hereafter, Salgado 2020).

56 AGS, Contaduría Mayor de Cuentas, leg. 1093.

57 Almudena Pérez Tudela, *Los inventarios de doña Juana de Austria, princesa de Portugal (1535-1573)*, Jaén, Universidad de Jaén, UJA Editorial, 2017, p. 17 (hereafter, Pérez de Tudela 2017).

Count of Egmont, governor of Flanders and a member of the Council of State in the Low Countries. Lamoral was a loyal subject of the Emperor Charles V in his fight against the Protestants and was similarly so to Philip II [Fig. 23] in his war against France, taking part in key battles such as Saint-Quentin and Gravelines. However, his opposition to Antoine Perrenot de Granvelle (1517-1586), the principal advisor to Margaret of Parma (1522-1586), and to Granvelle's political strategies generated a series of tensions between the monarch and the Flemish nobility. These pressures led to violent and sacrilegious acts against churches and convents in the Low Countries. To quell the revolt Philip II sent the Duke of Alba, Fernando Álvarez de Toledo (1507-1582) [Fig. 24], who had the principal perpetrators condemned to death.

Among them was Lamoral, who was executed on 5 June 1568 in the main square in Brussels.[58] Following his death all Lamoral's assets were confiscated and handed over to the King of Spain, who, however, returned most of them to his son, except one: *The Seven Deadly Sins* tapestry set.[59] This series was sent to the Duke of Alba in 1573, who referred to it in his correspondence, mentioning it in various letters and documents housed in the ducal archives and in the General Archive of Simancas.[60]

In addition to the borders, this second set of tapestries reveals further differences with that of Mary of Hungary. The individual tapestries are slightly taller with a difference of half an *ana* [approx. 1 metre], partly due to that border, while their tones are slightly more muted than those of the other set. This set is also of exceptionally high quality, with a warp of 8 threads per square centimetre. The maker cannot be determined on the basis of any monograms as in this case they were not used. In contrast, they are present on Mary of Hungary's set, making it possible to attribute them to Willem de Pannemaker and another unknown weaver, possibly Pieter van der Walle, the merchant who sold them to the Habsburg queen [Figs. 25 and 26].[61]

When the two sets arrived in Spain a distinction was established between them, with Mary of Hungary's referred to as the *pecados viejos* [old sins] because they were the first to arrive at the Spanish court and were the earlier in terms of manufacture, while Lamoral de Egmont's set was termed the *pecados nuevos* [new sins]. Since then both have been referred to in practically all the inventories of the Crown of Spain, both Habsburg and Bourbon.

The study of all these inventories, transcribed at the end of this publication, yields a series of very interesting data for the intrahistory of both sets. Firstly, the retention of the terms *old* and *new* for both sets until the inventory of 1815. At that point the terms were switched round in a change that was maintained until the Second Republic; in the 1936 inventory the set that had six tapestries was still referred to as the "*old sins*" and the one that had four as the "*new sins*".[62] This was subsequently corrected in 1942 when the original order was reinstated.

An important aspect of these inventories in terms of information is the valuation of the collections. During the period of Philip II it was established that "old" tapestries had a higher

[58]   On the trial of the Count of Egmont, Gustaaf Janssens, *Les comtes d'Egmont et de Hornes. Victimes de la répression politique aux Pays-Bas espagnols,* Brussels, Musée de la Ville de Bruxelles, 2003 (hereafter, Janssens 2003). The Real Biblioteca de Patrimonio Nacional houses a letter from Ochoa de Aritzpe to Pedro de Acuña which describes the moment of the beheading of the condemned noblemen. II/2141, doc. 89.

[59]   María del Rosario Falcó y Osorio, *Documentos escogidos del Archivo de la Casa de Alba*, Madrid, Impr. de M. Tello, 1891, p. 111 (hereafter, Falcó 1891).

[60]   AGS, Estado, leg. 551, doc. 58, and AGS, Estado, leg. 551, fol. 174. Almudena Pérez Tudela, "The Third Duke of Alba: Collector and Patron of the Arts", in *Alba: general and servant to the crown*, Zutphen, Karwansaray Publishers, 2013, pp. 169-191 (hereafter, Pérez 2013).

[61]   This monogram was also attributed for some time to the tapestry maker Héctor Vuyens. Jules Guiffrey, *Histoire générale des arts appliqués à l'industrie du Ve à la fin du xviiie siècle. Les tapisseries du xiie à la fin du xvie siècle*, Paris, Librairie Centrale des Beaux-Arts, 1911, vol. 6, p. 142 (hereafter, Guiffrey 1911).

[62]   AGP, signatura general de cajas, 2964, exps. 1 and 2.

value than "new" ones.[63] Thus, in the inventory of Philip's II's tapestries compiled in 1621, the Count of Egmont's tapestries were valued at nine ducats per *ana*, while those of Mary of Hungary reached sixteen.[64] However, from the reign of Philip IV this valuation was reversed and under the 17th-century Spanish Habsburgs and subsequently Philip V the "new" tapestries began to be valued higher than "old" ones. For example, in the 1647 inventory of the assets of Elisabeth of Bourbon the "*old sins*" were valued at 184,000 *reales* while the "*new sins*" were assessed at 361,550 *reales*.[65] The difference remained notable even in the time of Philip V: in the testamentary inventory of 1746 the "new" ones were valued at 3,996 *doblones* compared to just 1,081 *doblones* for the "old" ones.[66] It was not until the reign of Charles III (1716-1788) that this discrepancy was resolved, reversing the valuations again and reinstating the "old" tapestries as the most valuable.[67]

Finally, it is important to draw attention to a mention made in 1647 in the list of Elisabeth of Bourbón's possessions [Fig. 27], which states that the "*old sins*" "were used in the house of Our Lady the Queen."[68] Thus, the *Sins* that had belonged to Mary of Hungary passed to the queens of Spain who made use of them for their own official acts and had the right to employ them whenever they considered it appropriate, thereby establishing the *Oficio de Tapicería de la Reina* [Queen's Tapestry Office].

The king and queen's tapestry offices

Prior to the reign of Philip II the distinction between artistic assets that belonged to the kings of Spain and those that were the property of the monarchy was confusing and poorly defined. It was in Philip's will that it was declared that "the State is indivisible and so is the patrimony of the Crown."[69] From that moment on, and this particularly affected the tapestry collection of the Spanish monarchy, after the death of a monarch none of his assets could be publicly auctioned or dispersed. The gradual increase in size of this holding of artistic patrimony required increasing organisation and maintenance.

To preserve such a valuable collection, a palace official known as the "Head of Tapestry" was appointed, who normally also directed the *Furriera*, the department in charge of the movable property owned by the king. This court employee was the head of the "Tapestry Office", the staff of which included the boys and assistants charged with hanging, taking down, storing, repairing and moving the tapestries, both inside and outside the palace, on the occasion of religious festivals, visits by the monarchs to other royal residences, and political events. They were also responsible for selecting the series of tapestries according to the event, installing them correctly and ensuring that everything was in its place.[70]

Within this official organisational structure it is interesting to note the fact that in the early 17th century part of the tapestry collection was under the management of the queen. This is due to the fact that from 1622 the Crown's holding of tapestries was divided into two independent entities for each of the monarchs. This department, known as the "Queen's Tapestry Office", had a head independent of the king's who in some cases also supervised the queen's "*Furriera*". The definitive separation of both offices occurred in 1622 and was maintained until the reign of Charles III [Fig. 28] who unified both offices within the King's

---

[63] Guy Delmarcel, "Le roi Philippe II d'Espagne et la tapisserie: L'inventaire de Madrid de 1598", *Gazette des Beaux-Arts*, 6, 134 (1999a), pp. 154, 163 and 169 (hereafter, Delmarcel 1999a).

[64] AGP, leg. 919; AGS, Contaduría Mayor de Cuentas, leg. 1093.

[65] Archivo Histórico de Protocolos de Madrid (hereafter AHPM), Protocolo 5412.

[66] AGP, Libros y Registros, 247.

[67] Fernando Fernández-Miranda y Lozana, *Inventarios Reales. Carlos III 1789*, Madrid, Patrimonio Nacional, 1789, vol. III, p. 177.

[68] AHPM, Protocolo 5412.

[69] María Teresa Ruiz Alcón (ed.), *Colecciones reales del Patrimonio Nacional*, Barcelona, Lunwerg, 1986, p. 9 (hereafter, Ruiz 1986).

[70] Elías Tormo y Monzó y Francisco J. Sánchez Cantón, *Los tapices de la casa del rey, N.S.: Notas para el catálogo y para la historia de la colección y de la fábrica*, Madrid, Mateu, 1919, p. XXI (hereafter, Tormo y Sánchez 1919).

Household through a Royal Decree of 1761, eliminating that of the queen.[71]

The work of both offices was similar and consisted of providing the royal household with the tapestries required, ensuring that they were always cared for, clean and in perfect condition and ready for any event. Although the art of tapestry had been known since ancient times, for the Habsburg dynasty and the early Spanish Bourbons tapestries were symbols of power. The ownership of various sets not only brought their owners luxury but also fulfilled practical functions such as regulating the temperature of rooms and aesthetic functions by creating different environments and beautifying spaces with great magnificence. Far from being simple decorative elements, tapestries performed a more complex function, serving as emblems of political power and as a means of transmitting symbolic and allegorical messages. It was thus essential that these objects were always in perfect condition and ready for use in any event or celebration, such as weddings, consecrations or liturgical celebrations [Fig. 29].[72]

The nature of the Queen's Tapestry Office should be analysed here, as well as its differences and similarities with that of the king. Firstly, the number of tapestries possessed by the Office is relevant: while they were fewer in quantity and were not those of the highest quality, some series are today considered of great importance within the tapestry collection. Interestingly, many of them entered the Office after having belonged to Mary of Hungary, the aunt of Philip II. It could thus be said that the legacy of the governor of the Netherlands gave rise to part of the origins of the Office, given that important series such as *The Life of Moses*, *Vertumnus and Pomona* and, of course, *The Seven Deadly Sins* were part of this group. Thus the female connection with these tapestry series, which began with Mary

of Hungary, continued with Joan of Austria (queen regent of Spain from 1554 to 1559) and culminated with the creation of the Queen's Tapestry Office in 1622, continued to exist, along with other tasks such as caring for the queen's private drawing room and maintaining her beds.

Although the Queen's Tapestry Office was generally combined with that of the king, there were times when it was separated or at least had offices outside the Alcázar in Madrid or later the Royal Palace. Two of the most notable cases of separation occurred with the departure of Mariana of Neuburg (1677-1740) [Fig. 30] to the Alcázar of Toledo after the death of Charles II, to where she took some of the tapestries from the Queen's Office, which now became known as the "Queen Mother's Tapestry Office" in order to differentiate it from that of the regent.[73] It is interesting to compare the lists of the collections in Toledo and Madrid given that as the wife of Charles II, Mariana owned *The Seven Deadly Sins* tapestries but after she was widowed she found herself with a much smaller collection in Toledo, without the tapestries that had belonged to Mary of Hungary.[74]

Another moment of separation occurred with the Bourbons during the time of Isabella Farnese (1692-1766). After being widowed and establishing herself at La Granja and Riofrío, Isabella had a series of tapestries at her disposal, the majority acquired by her, which she used at events and festivities. In this case, the "Dowager Queen's Tapestry Office" (as it was called at this time) was headed by Nicolás Sánchez, who was responsible for caring for works made of silk and wool, such as the *Hunting Scenes* designed by Teniers (completed in 1752) or those of *The Life and Passion of Christ* acquired from the Gobelins manufactory before 1754 and used for the Corpus festivities in San Ildefonso.[75]

[71]   Ibid. P. XXI.

[72]   Calvert 1921, p. 54. For example, the set of *The Seven Deadly Sins* belonging to Mary of Hungary (although the author considers them to be Egmont's) was used in 1660 at the wedding of the Infanta María Teresa and Louis XIV.

[73]   AGP, leg. 917

[74]   Gloria Martínez Leiva, *Mariana de Neoburgo, última reina de los Austrias. Vida y legado artístico*, Madrid, CEEH, 2020, p. 360 (hereafter, Martínez 2020b).

[75]   AGP, Fernando VI, caja 704. On the *Hunting Scenes* series, Concha Herrero Carretero, *Catálogo de tapices del Patrimonio Nacional III*, Madrid, Patrimonio Nacional, 2000 (hereafter, Herrero 2000).

The reassessment of *The Seven Deadly Sins* and the tapestries of the Crown

The inventory of tapestries compiled after the death of Charles III in 1788 was the last time the two series of *The Seven Deadly Sins* were to be found complete.[76] The War of Independence and the turbulent reign of Charles IV (1788-1808) caused the loss of several of the tapestries from these series, especially from the set owned by Mary of Hungary. In the inventory of items to be found in the Tapestry Office, compiled between 9 August 1815 and 8 April 1816, it is recorded that of the "*new sins*" only six tapestries were left, with *Pride* lost, while of the "*old sins*" three had been lost (*Avarice, Anger* and *Envy*), so only four of the original set remained.[77]

From then on both series were grouped together as a single entry in the inventories during the reigns of Ferdinand VII (1808-1833),[78] Isabel II (1833-1868)[79] and even in the early years of the reign of Alfonso XII (1874-1885).[80] This fact can be interpreted as a reflection of the lack of interest in these works at the time, possibly due to prevailing artistic fashions. The taste for lighter and more modern decorations, such as French silks, paintings or smaller tapestries on bucolic themes, relegated the great tapestry series of the 16th and 17th centuries to a secondary position.[81] Furthermore, the abandonment of the custom of changing palace decorations according to the seasons of the year, particularly the tradition of hanging large tapestries in the winter, further reduced their presence in the royal residences [Fig. 31].[82]

However, the reign of Alfonso XII marked a turning point in the appreciation of the Crown's tapestries. Aware of the richness and quality of the royal collection, the king understood the importance of preserving and reassessing these works. During his reign a number of initiatives were undertaken to catalogue and disseminate this valuable collection both nationally and internationally. In 1875 an exhaustive inventory of tapestries was compiled that once again divided *The Seven Deadly Sins* into the categories of "old" and "new" and described each individual tapestry in detail. This inventory reflects the degree of knowledge and involvement on the part of the Crown in the conservation and study of its artistic heritage [Fig. 32].[83]

Shortly after, in 1879, another record was compiled, this time notarised, which established the creation of systematic catalogues, accompanied by photographs taken by the Laurent photography firm [Fig. 33]. This measure improved the tracking and identification of the tapestries, making it easier to locate them in case of loss or theft.[84] In addition, the classification and cataloging of the tapestries in the Royal Palace in Madrid began, a project led by the Count of Valencia de Don Juan, director of the Royal Armoury, together with the expert Paulino Savirón y Esteban.

The prestige of the royal tapestry collection led to its display in national and international exhibitions, such as the *European History Exhibition* of 1893, and to the creation of specialised museums in order to house and display the best works from this vast collection.[85] The most notable was the first, the Museo de Tapices or Museo del Renaci-

---

[76]   Fernando Fernández-Miranda y Lozana, *Inventarios Reales. Carlos III 1789*, Madrid, Patrimonio Nacional, 1789, vol. III, p. 177.

[77]   AGP, leg. 769, exp. 7.

[78]   AGP, leg. 917.

[79]   AGP, Libros y Registros, 535.

[80]   AGP, leg. 1159, exp. 1.

[81]   Pilar Benito García, "La decoración textil del Palacio Real de Madrid en tiempos de Alfonso XII", *Goya* (2000), pp. 281-288 (hereafter, Benito 2000).

[82]   José Luis Sancho, "La imagen alfonsina del Palacio Real de Madrid", *Espacio, tiempo y forma. Serie VII, Historia del Arte*, 3 (1990), pp. 375-387 (hereafter, Sancho 1990).

[83]   AGP, signatura general de cajas, 765, exp. 19.

[84]   AGP, Libros y Registros, 535.

[85]   *Exposición* 1893, no. 596.

miento, inaugurated in 1869 in the Royal Monastery of San Lorenzo de El Escorial. Over the course of the 20th century other museums were opened in royal palaces such as those at Aranjuez (1933) and La Granja (1933), as well as the Museo de Tapices Góticos (1942) in the Royal Palace in Madrid, located in rooms previously occupied by María Cristina of Habsburg-Lorraine (1858-1929). These initiatives marked a renewed interest in the tapestries, which had been forgotten for several decades.

The real impetus for the reassessment of this collection occurred at the start of the 20th century with the work of the Count of Valencia de Don Juan. His entrance speech at the San Fernando Academy of Fine Arts, given in 1903, was key to changing public perception of the royal tapestries. That same year the count published *Tapices de la Corona*, a work that includes Laurent's photographs and a detailed catalogue of the collection.[86] Although Alfonso XII was no longer alive by this date his legacy in the preservation and reappraisal of the Crown's collections remained present in the form of a range of cultural initiatives [Fig. 34].

At the same time, modifications were made to the historical decorations of the Royal Residences, with the Royal Palace in Madrid being the most affected. During this period tapestries were permanently installed in several of the palace's rooms, including the Sala de Bailén and the new gala dining room, which was created by joining together three rooms in the palace.[87] These spaces were hung with reissues of tapestries from the Spanish collection, such as the *Vertumnus and Pomona* series which decorated the dining room on the occasion of the wedding of Alfonso XII. The set had been acquired by Philip II between 1561 and 1562 and its presence in these spaces reinstated its historical and aesthetic importance.[88]

Taken as a whole, this process contributed to reinstating the reputation merited by the tapestry collection of the Crown. Although this holding is not exhaustive, it is one of the most select and outstanding of its time. As Elías Tormo noted, compared to the paintings in the Museo del Prado, "our collection of tapestries is superb, extremely select, but essentially incomplete."[89] The relevance of the collection would continue to increase over time and years later the creation of the project for the Museo de Carruajes y Tapices, promoted by Manuel Azaña Díaz (1880-1940), would be one more step towards the definitive recognition of these works [Fig. 35]. That project, which gave rise to the present-day Galería de las Colecciones Reales, was originally conceived as a space dedicated to displaying tapestries and carriages, adapting its architecture to showing the largest tapestries in the collection on its walls without them dragging on the floor.

In the present day *The Seven Deadly Sins* – both the "*old*" and the "*new*" – continue to be emblematic works within the collection. Despite the losses they have suffered over the centuries, these tapestries have become part of the collective cultural heritage and are now shown in all their splendour in museums and exhibition galleries. Their message, which was so relevant in the Early Modern Age, constitutes a reflection on the human vices that has meaning for today's society. The tapestries created by Pieter Coecke van Aelst almost 500 years ago still tell a story that, although distant in time, continues to be relevant and profoundly resonant in a contemporary context.

---

[86] Juan Bautista Crooke y Navarrot, *Tapices de la Corona de España*, Madrid, Hauser y Menet, 1903 (hereafter, Crooke 1903).

[87] José Luis Sancho Gaspar, "Matar al padre, imitar al abuelo. Fernando VII e Isabel II en el Palacio Real de Madrid", in *De reinos a naciones: política e instituciones*, Salamanca, Polifemo, 2021, pp. 158-160.

[88] Sancho 1990, pp. 374-375.

[89] Tormo y Sánchez 1919, p. XV.

Echoes of sin. Iconography and representation

Description of the tapestry representing *Pride*

Pride, considered the root of all vices, finds its counterpoint in Humility, a key virtue in the Christian tradition for achieving salvation. This sin is manifested in different elements of the scene, starting with the imposing landscape of the city of Babylon and the tower of Babel, symbols of human pride and its desire to equal the divine. In the far right foreground the retinue is headed by a banner with a peacock on it.

Following behind, figures such as the biblical rulers Sesostris and Nimrod or Hannibal of Carthage personify arrogance punished by God. Queen Vashti, expelled by Ahasuerus, also follows the banner. Behind her, Pride's triumphal chariot surrounded by war trophies advances inexorably, crushing those who succumbed to this sin. They include Pompey the Great and the sovereigns Darius the Mede and Jugurtha of Numidia. Their presence reinforces the moral lesson: pride leads to ruin.

Description of the tapestry representing *Avarice*

Avarice is presented in front of the cities of Syracuse and Delphi, known in Antiquity for their wealth and splendour. Taking place in the latter is a specific event that exemplifies this sin: the episode of Dionysus stealing the hangings from the temple of Apollo. The retinue is led by the figure of Covetousness, carrying a banner with a mole and gold coins, followed by kings and historical figures obsessed with the accumulation of wealth, such as Pygmalion with his statue of Aphrodite, Polymestor, Curius and Midas, blinded by their desire for gold and destined for tragic fates.

Behind them, Avarice advances in a chariot decorated with coins and coffers overflowing with riches, surrounded by followers who fight for more treasures, such as Gehazi, heretical clerics, Betrayal and Theft. Pieter Coecke van Aelst's tapestries not only illustrate sin but also encourage reflection: greed consumes and destroys, leading us to moral and material ruin, as in the case of many who succumbed to it: Croesus, Polydorus, son of King Priam, and Acerbas, husband of Dido and King of Tyre. Above the entire scene Liberality (or Generosity) attempts to intervene without anyone noticing its presence.

Description of the tapestry representing *Lust*

Beneath the imposing setting of the city of Rome, Lust is shown in a parade led by Venus, with her banner of a goat and two nightingales, and the blind Cupid shooting his arrows at members of the retinue. They include figures such as the tragic lovers Pyramus and Thisbe, symbols of forbidden desire. Also included are Medea, present here due to the consequences arising from excessive love, Aeneas, Paris and Solomon, who had up to 700 wives. Near to Lust's chariot, which is pulled by a chimera, is Hercules, who is said to have had 50 children.

Beneath Lust's chariot are Semele, her son Bacchus and Lucretia. Behind them we see Unconsciousness and Death holding an hourglass, in addition to numerous couples kissing in amorous poses. Above the scene, Chastity appears to be trying not to see what is happening below. In the background in front of the city of Rome is a magnificent detail depicting the myth of Apollo and Daphne, showing her about to be fully transformed into a laurel tree.

Description of the tapestry representing *Envy*

Before the imposing city of Constantinople, the scene is led by a knight holding a banner with a basilisk, and Odysseus. They are followed by Cain (son of Adam and Eve, the first people on earth) and Zoilus, Homer's sworn enemy. Behind them is the scene of David with the head of Goliath before Saul while nearby Jezebel looks at herself in a mirror. Embittered by the achievements of others, Envy devours a laurel wreath while the wheels of its chariot crush Abel, Cain's brother, accompanied by the jawbone which Adam's son used to kill him, and Palamedes, a hero of proverbial inventiveness.

Notable in the foreground are two figures looking at each other with suspicion and resentment, personifying architecture and sculpture. Located at the back of the retinue are Furtiveness, Fraud and Defamation, the daughters of Envy. Above the scene, Benevolence looks directly at Envy, which remains unaware of its presence.

Description of the tapestry representing *Gluttony*

Set in front of the city of Bethulia, this tapestry illustrates the effect of lack of control over our desires and how excess can lead to physical and moral decline. Gluttony is personified as a figure with a swollen face who devours without restraint, surrounded by cooks, tavern keepers and musicians who delight in the overflowing opulence. The advancing triumphal chariot is pulled by harpies, creatures associated with the seduction of the senses. They have their own names and characteristics: Aello steals other people's goods, Ocypete steals without being seen, and Celaeno covets the spoils of others. The retinue is led by Bacchus holding a banner with two animals associated with voraciousness: the hedgehog and the goshawk. Bacchus's head is crowned with vine tendrils, as is Silenus behind him, who looks at the viewer. Other figures include Antony and Cleopatra.

Behind this first group is a second including Thaïs, the companion of Alexander the Great. Alexander is shown mastering his great horse Bucephalus, who is kicking. They are followed in the foreground by the Sibyl Judith, riding a horse backwards. She cut off the head of Holofernes, whose banquet is seen near to her in the background of the tapestry. Depicted on the other side is the episode of the beheading behind the first group. The man looking out at the viewer from a tent is believed to be a self-portrait of Pieter Coecke. Flying over the scene is Temperance, the figure's pose clearly indicating rejection of what is taking place below.

Description of the tapestry representing *Anger*

Anger is presented in a chaotic scene in front of the city of Jerusalem. In the background, Phalaris, tyrant of Sicily, stands next to the bronze bull with which he tortured his victims. The procession is led by Rage, with a rampant lion on its banner, followed by Medea, Althea and Nero, who embody excessive fury and violence, destroying everything in their path. Behind them is the Roman woman Tullia, daughter of Servius Tullius, who incited her brothers-in-law to kill their wives so that she would be the only one.

Behind them is Anger's chariot, adorned with harpies and instruments of torture and pulled by a manticore. Among the figures beneath it are King Priam, his daughter Iphigenia, Meleager and Apsirtus, prince of Colchis. The procession is completed by the Furies: Alecto, Megaera and Tisiphone, shown as completely maddened. The presence of weapons and fire reinforces the idea of Anger as an uncontrolled force. In the upper part, Meekness stares at Anger in a type of visual confrontation of the two personifications.

Description of the tapestry representing *Sloth*

In the shadow of the city of Nineveh, a symbol of the decadence resulting from inactivity, Sloth is personified as a figure with a dull expression, uncombed hair, heavy eyelids and a languid body, whose chariot is drawn by donkeys, an emblem of indolence. The retinue is led by Sleep, which is about to fall from its horse and is struggling to hold up a banner with a snail on it. The two figures in the foreground behind Sleep are thought to be Aristotle and Alexander the Great, since the philosopher helped the prince to free himself from his idle and dissipated life.

Behind them are other figures that cannot be specifically identified, which is also the case with the bodies under the chariot's wheels. Closing the procession are Faintheartedness and Despair, the daughters of Sloth, and a man in armour who represents Cowardice. In the background of the scene is Sardanapalus, the last king of Assyria, working with his distaff in reference to the fact that he preferred tasks of this type to others more appropriate to his status. Flying over the scene is Diligence, the vigorous movements of its drapery creating a contrast with the entire scene below.

Figures

Fig. 1. Jheronimus Bosch, *The Garden of Earthly Delights*, ca. 1490-1500, grisaille and oil on panel 185.8 x 325.5 cm. Patrimonio Nacional, inv. no. 10011839 (on deposit with the Museo Nacional del Prado)

Fig. 2. Anonymous Flemish artist, *The Ship of the Church*, 1575-1600, oil on canvas, 210 x 296 cm. Colecciones Reales. Patrimonio Nacional, inv. no. 00612347. Madrid, Monasterio de las Descalzas Reales

Fig. 3. Francesco Bassano and Jacopo Bassano, *The Return of the Prodigal Son*, ca. 1570, oil on canvas, 147 x 200 cm. Madrid, Museo Nacional del Prado, P000039

Fig. 4. Pieter Pannemaker (tapestry maker) after a design by Bernard van Orley, *The Eternal Father and the Holy Spirit – Canopy of Charles V*, ca. 1523, tapestry of wool, silk, gold and silver thread, 210 x 210 cm. Colecciones Reales. Patrimonio Nacional, inv. no. 10034478. Galería de las Colecciones Reales

Fig. 5. Pedro de Camprobín, *Saint Thomas Aquinas in his Study*, 1657, oil on canvas, 107.50 x 175 cm. Colecciones Reales. Patrimonio Nacional, inv. no. 00710213. Madrid, Real Monasterio de Santa Isabel

Fig. 6 Peeter Huys, *Hell*, 1570, oil on panel, 86 x 82 cm. Madrid, Museo Nacional del Prado, P002095

Fig. 7. Pellegrino Tibaldi, *The Last Judgment*, 1586-1590, mural painting, 426 x 282 cm. Patrimonio Nacional, inv. no. 10014903. Colecciones Reales. Real Monasterio de San Lorenzo de El Escorial

Fig. 8. Carlos Blanco, *Saint Paul*, 1820, oil on canvas, 169.5 x 160.5 cm. Colecciones Reales. Patrimonio Nacional, inv. no. 00621584. Madrid, Real Monasterio de la Encarnación

Fig. 9. Johan Wierix, *Portrait of Pieter Coecke*, in Dominicus Lampsonius, *Pictorum aliquot celebrium Germaniae Inferioris efigies*, Antwerp, Apud Viduam Hieronymi Cock. Patrimonio Nacional. Madrid, Real Biblioteca del Monasterio de El Escorial, 28-III-9BIS, no. 16

Fig. 10. Willem de Pannemaker (tapestry maker) after a design by Pieter Coecke van Aelst, *Gluttony – The Seven Deadly Sins* (detail), ca. 1544, tapestry of silk, wool, gold and silver thread, 460 x 826 cm. Colecciones Reales. Patrimonio Nacional, inv. no. 10004090. Galería de las Colecciones Reales

Fig. 11. Isidro de Burgos, *Allegory of the Tree of Life and the Last Judgment*, 1660-1700, oil on canvas, 139 x 221 cm. Colecciones Reales. Patrimonio Nacional, inv. no. 00683621. Toledo, Real Colegio de Doncellas Nobles

Fig. 12. Giovanni Cavino, medallion with the image of Marcus Aurelius Antoninus, known as Caracalla (detail of the reverse), mid-16th century, bronze, 37.8 mm, 41.35 g (diameter, weight). Colecciones Reales. Patrimonio Nacional, inv. no. 10130628. Palacio Real de Madrid

Fig. 13. Jan Raes (tapestry maker) after a design by Peter Paul Rubens, *The Triumph of the Eucharist over Ignorance and Blindness*, 1620-1632, tapestry of wool and silk, 489 x 746 cm. Colecciones Reales. Patrimonio Nacional, inv. no. 00610325. Madrid, Monasterio de las Descalzas Reales

Fig. 14. Pieter Coecke van Aelst, *The Temptations of Saint Anthony Abbot*, 1543-1550, oil on panel, 41 x 53 cm. Madrid, Museo Nacional del Prado, P003232

Fig. 15. Albrecht Dürer, *Apocalypse*, in *The Revelation of Saint John the Divine...*, Athens, Pleias, 1989. Patrimonio Nacional. Madrid, Real Biblioteca, GRAB/457

Fig. 16. The Chimera pulling the chariot of *Avarice* (detail of fig. 37).

Fig. 17. Pieter van Aelst (tapestry maker), *Exhortation to the Virtues – The Moralities*, ca. 1515, tapestry of silk, wool, gold and silver thread, 419 x 560 cm. Patrimonio Nacional, inv. no. 10005725. Galería de las Colecciones Reales

Fig. 18. Jan van Tieghem and Frans Gheteels (tapestry makers) after a design by Raphael, *The Miraculous Draught of Fishes*, ca. 1560, tapestry of wool and silk, 487 x 592 cm. Colecciones Reales. Patrimonio Nacional, inv. no. 10004080. Galería de las Colecciones Reales

Fig. 19. Leone Leoni and Pompeo Leoni, *Queen Mary of Hungary*, 1553-1564, cast bronze, 175 x 60 x 70 cm. Madrid, Museo Nacional del Prado, E000263

Fig. 20. Titian, *Sisyphus*, 1548-1549, 237 x 216 cm, oil on canvas. Madrid, Museo Nacional del Prado, P000426

Fig. 21. Juan Cristóbal Calvete de Estrella, *El felicíssimo viaje del muy alto y muy Poderoso Príncipe Don Phelippe*. Patrimonio Nacional. Madrid, Real Biblioteca, IX/4974

Fig. 22. Anthonis Mor, *Joan of Austria*, 1560, oil on canvas, 195 x 105 cm. Madrid, Museo Nacional del Prado, P002112

Fig. 23. Anthonis Mor, *Philip II during the Saint Quentin Campaign*, 1560, oil on canvas, 218 x 121 cm. Colecciones Reales. Patrimonio Nacional, inv. no. 10014146. Real Monasterio de San Lorenzo de El Escorial

Fig. 24. Anonymous artist, *Portrait of Fernando Álvarez de Toledo, Duke of Alba*. Patrimonio Nacional. Madrid, Real Biblioteca, GRAB/62 (219)

Fig. 25. Detail of the monogram of the unknown tapestry maker in the right border of the tapestry *Lust*. Inv. no. 10004089

Fig. 26. Detail of the monogram of the tapestry maker Willem Pannemaker in the right border of the tapestry *Sloth*. Inv. no. 10004091

Fig. 27. Rodrigo de Villandrando, *Elisabeth of Bourbon, Wife of Philip IV*, ca. 1620, oil on canvas, 201 x 115 cm. Madrid, Museo Nacional del Prado, P007124

Fig. 28 Anton Raphael Mengs, *Charles III*, 1767, oil on canvas, 151.8 x 110.3 cm. Madrid, Museo Nacional del Prado, P002200

Fig. 29. Attributed to Lorenzo Quirós. *Decoration of the Guadalajara Gateway for the Entry of Charles III into Madrid*, ca. 1760. 111 x 165 cm, oil on canvas. Madrid, Colección Abelló

Fig. 30. Jan van Kessel II, *Portrait of Mariana of Neuburg*, 1701-1706, oil on canvas, 81 x 61.5 cm. Colecciones Reales. Patrimonio Nacional, inv. no. 10247142. Galería de las Colecciones Reales

Fig. 31. *View of the Principal Gallery decorated with tapestries. Royal Palace, Madrid*. Photograph by Francisco Villanueva López. Patrimonio Nacional. Madrid, Archivo General de Palacio, inv. no. 10153741

Fig. 32. *The King's bedroom*. Photograph by Jules David. Patrimonio Nacional. Madrid, Archivo General de Palacio, inv. no. 10183478

Fig. 33. Jean Laurent y Cía, *The Seven Deadly Sins. Pride*, in *Real Palacio de Madrid. Porcelanas, muebles y tapices*. Patrimonio Nacional. Madrid, Real Biblioteca, FOT/23, p. 97, inv. no.10162722

Fig. 34. Ramón Rosals, *Portrait of King Alfonso XII*, 1886, hand-coloured photograph on paper, 78 x 59 cm. Colecciones Reales. Patrimonio Nacional, inv. no. 10009624 (on deposit with the Arzobispado de Madrid, cathedral of Santa María la Real de la Almudena)

Fig. 35. Anonymous, *Elevation. Project for a pavilion for the display of tapestries*, ca. 1930, ink on paper, 30.1 x 106.4 mm. Patrimonio Nacional. Madrid, Archivo General de Palacio, Planos, inv. no. P0002219

Fig. 36. Willem de Pannemaker (weaver) after a design by Pieter Coecke, *Pride –The Seven Deadly Sins*, prior to 1544, tapestry of silk, wool, gold and silver thread, 459 x 776 cm. Colecciones Reales. Patrimonio Nacional, inv. no. 10004019. Galería de las Colecciones Reales

Fig. 37. Pieter Coecke van Aelst (designer), *Avarice – The Seven Deadly Sins*, ca. 1545, tapestry of silk, wool, gold and silver thread, 437 x 752 cm. Colecciones Reales. Patrimonio Nacional, inv. no. 10004065. Galería de las Colecciones Reales

Fig. 38. Pieter Coecke van Aelst (designer), *Lust –The Seven Deadly Sins*, prior to 1544, tapestry of silk, wool, gold and silver thread, 459 x 832 cm. Colecciones Reales. Patrimonio Nacional, inv. no. 10004089. Galería de las Colecciones Reales

Fig. 39. Pieter Coecke van Aelst (designer), *Lust –The Seven Deadly Sins*, ca. 1545, tapestry of silk, wool, gold and silver thread, 433 x 820 cm. Colecciones Reales. Patrimonio Nacional, inv. no. 10004066. Galería de las Colecciones Reales

Fig. 40. Pieter Coecke van Aelst (designer), *Envy – The Seven Deadly Sins*, ca. 1545, tapestry of silk, wool, gold and silver thread, 435 x 700 cm. Colecciones Reales. Patrimonio Nacional, inv. no. 10004088. Galería de las Colecciones Reales

Fig. 41. Willem de Pannemaker (weaver) after a design by Pieter Coecke van Aelst, *Gluttony – The Seven Deadly Sins*, ca. 1545, tapestry of silk, wool, gold and silver thread, 429 x 815 cm. Colecciones Reales. Patrimonio Nacional, inv. no. 10004090. Galería de las Colecciones Reales

Fig. 42. Pieter Coecke van Aelst (designer), *Gluttony – The Seven Deadly Sins*, ca. 1545, tapestry of silk, wool, gold and silver thread, 429 x 815 cm. Colecciones Reales. Patrimonio Nacional, inv. no. 10004068. Galería de las Colecciones Reales

Fig. 43. Pieter Coecke van Aelst (designer), *Anger – The Seven Deadly Sins*, ca. 1545, tapestry of silk, wool, gold and silver thread, 435 x 750 cm. Colecciones Reales. Patrimonio Nacional, inv. no. 10004067. Galería de las Colecciones Reales

Fig. 44. Willem de Pannemaker (weaver) after a design by Pieter Coecke van Aelst, *Sloth – The Seven Deadly Sins*, prior to 1544, tapestry of silk, wool, gold and silver thread, 441 x 665 cm. Colecciones Reales. Patrimonio Nacional, inv. no. 10004091. Galería de las Colecciones Reales

Fig. 45. Pieter Coecke van Aelst (designer), *Sloth – The Seven Deadly Sins*, ca. 1545, tapestry of silk, wool, gold and silver thread, 427 x 668 cm. Colecciones Reales. Patrimonio Nacional, inv. no. 10005095. Galería de las Colecciones Reales

Autores
María Leticia Sánchez Hernández y Roberto Muñoz Martín

Traducción
Laura Suffield

Diseño y producción
Peipe Estudio

Fotografías
© Colección Abelló: fig. 29
© Archivo fotográfico. Museo Nacional del Prado, Madrid: figs. 1, 3, 6, 14, 19, 20, 22, 27 y 28
© Patrimonio Nacional: figs. 2, 7, 8, 9, 15, 17, 18, 21, 23, 24, 31, 32, 33, 34 y 35 / fotografía de David Blázquez: fig. 11 / fotografía de Joaquín Cortés: fig. 13 / fotografía de Héctor Pérez: fig. 5 / fotografías de Mario Sedeño: figs. 4, 6, 8, 10, 12, 16, 25, 26, 30, 36-45 y págs. 26 y 27, 69, 72-73, 76-77, 82-83, 86-87, 92-93, 96-97, 102-103, 104, 112, 142-143 (detalles)

Impresión y encuadernación
PGi. s.l.

ISBN: 978-84-7120-563-6
NIPO: 147-25-002-1
Depósito legal: M-9696-2025
© de esta edición: Patrimonio Nacional
© de los textos: sus autores
© de las fotografías: sus autores

Cubierta: Willem de Pannemaker (tejedor) según diseño de Pieter Coecke van Aelst, *La Gula – Pecados Capitales* (detalle fig. 41)
Pág. 4: Willem de Pannemaker (tejedor) según diseño de Pieter Coecke van Aelst, *La Soberbia – Pecados Capitales* (detalle fig. 36)
Pág. 6: Willem de Pannemaker (tejedor) según diseño de Pieter Coecke van Aelst, *La Pereza – Pecados Capitales* (detalle fig. 44)
Pág. 8: Pieter Coecke van Aelst (diseñador), *La Ira – Pecados Capitales* (detalle fig. 43)
Págs. 10-11: El Bosco, *El jardín de las delicias* (detalle fig. 1)
Págs. 26-27: Willem de Pannemaker (tejedor) según diseño de Pieter Coecke van Aelst, *La Pereza – Pecados Capitales* (detalle fig. 44)
Pág. 69: Pieter Coecke van Aelst (diseñador), *La Pereza – Pecados Capitales* (detalle fig. 45)
Pág. 104: Pieter Coecke van Aelst (diseñador), *La Ira – Pecados Capitales* (detalle fig. 43)
Pág. 112: Willem de Pannemaker (tejedor) según diseño de Pieter Coecke van Aelst, *La Gula – Pecados Capitales* (detalle fig. 41)
Pág. 142: Pieter Coecke van Aelst (diseñador), *La Envidia – Pecados Capitales* (detalle fig. 40)
Pág. 143: Pieter Coecke van Aelst (diseñador), *La Pereza – Pecados Capitales* (detalle fig. 45)

Este libro se ha publicado con motivo de la exposición «Iconografía del mal.
Tapices de *Los Pecados Capitales*», organizada por Patrimonio Nacional y celebrada
en la Galería de las Colecciones Reales, de junio a septiembre de 2025

Edita
Patrimonio Nacional

DIRECTOR DE LAS COLECCIONES REALES
Víctor Cageao Santacruz

VOCAL ASESORA DE LAS COLECCIONES REALES
Ana Azor Lacasta

SUBDIRECTORES ADJUNTOS DE LA GALERÍA DE LAS COLECCIONES REALES
Irene Doménech Coullaut y Antonio Sánchez Luengo

JEFE DEL DEPARTAMENTO DE PUBLICACIONES
Carmen Cabeza Gil-Casares

JEFE DEL ÁREA DE EXPOSICIONES TEMPORALES
Covadonga Pitarch Angulo

COORDINADORA DE PUBLICACIONES
María Dolores López Marín

COORDINADORA DE LA EXPOSICIÓN
Melania Mora Luna